文化人類学の
エッセンス

世界をみる／変える

春日直樹・竹沢尚一郎 [編]

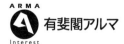

ARMA
Interest
有斐閣アルマ

序

　この本は大学の 1，2 年生や専門課程の初年度ではじめて文化人類学を学ぶ学生を対象としている。すべての章は私たちの身近な経験から出発して，さまざまな出来事や制度を人類学的にみるとはどういうことなのかを，できるだけわかりやすく書いている。とはいっても，本書がめざしているのは，文化人類学の基礎的な考え方を伝えることではない。この学問の最新の成果を知らせることであり，その見方を学ぶことで世界がいかに違ってみえてくるかを示すことである。私たちはあなた方のひとりひとりに，文化人類学という学問のおもしろさと価値を伝えたいと思っている。

　本書は以下の 4 つの基本的な認識にもとづいて構成されている。

1.　世界中でグローバル化が猛烈な勢いで進行しており，日本でも世界の他のどの地域でも急速な変化が同時並行的に生じている

　本書を編集するふたりがそれぞれ最初の現地調査に行ったのは，1980 年代のことである。インターネットや携帯電話などない時代だったから，日本に住む家族や友人とのやりとりは，フィールドの村に週に 1 度来る郵便に頼るしかなかった。日本と違って各家庭まで配達してくれるわけではないので，村はずれにある郵便局まで歩いて手紙やはがきを受け取りに行くのがとても楽しみだった。スマートフォン（以下，スマホ）でのやりとりに慣れたあなたには想像しにくいかもしれない。連絡手段が他にはなかったから，日本でどんなに大きな事件や出来事があっても，それを知るのは 1 週間後だった。フィールドにいる私たちと日本とのあい

だには1週間のずれがあったのだ。

　ところが今では，どんなに都会から離れた村に行ってもスマホで情報を入手することができる。人類学者の行くフィールドでも，人々は世界中の情報を手に入れているし，やはりスマホを使って送金したり商品を購入したりしているかもしれない。過去には手紙でしか連絡のできなかった人類学者も，帰国後に資料をまとめる段階で疑問があればフィールドの友人に連絡して確認することができるようになっている。文化人類学という学問の最大の特徴とされてきたフィールドワークのあり方が，これまでとは大きく変わってきているのである。

---

2. それでも人類学の核心部分は相変わらず，他の人々と直接に出会う経験としてのフィールドワークであり続ける

　テクノロジーの発達によってフィールドワークのあり方が大きく変わったからといって，私たちは文化人類学という学問にとってそれが不要になったとは思わない。むしろ逆に，フィールドに長いあいだ住み込み，食事や生活をともにしながら，対話と観察を続けることで人々の考え方や生き方を学ぼうとするフィールドワークの重要度はさらに増していると考えている。

　たとえばスマホで得られる情報のうち，どれがフェイクで，どれが正確な情報なのかを，あなたはある程度は判断できると思っているだろう。そうしたことが可能になるのは，長年の教育や家族や友人との会話等を通じて，あなたに判断や理解のための枠組みができているためである。こうした判断や理解のための枠組みは，地域や集団や時代によって共通する部分と違う部分とがある。とすれば，自分たちと異なる枠組みを理解するには，私たちが今

まで身につけた殻をいったん脱ぎ捨てて，彼らのものの考え方や判断基準を学んでいくしかない。あなたにも経験があると思うが，初めて出会う人との会話がいかに気まずく，困難なことか。異質な判断や理解の枠組みをもつ人々との出会いである場合には，その困難はより大きくなる。人類学者は無知の自分をさらけ出しながら相手にぶつかり，彼らの考え方や生き方を学んでいかなくてはならないのであり，本書はそのようにして得られた理解にもとづいて書かれたものである。

　もっとも，理想とする調査がいつもできるわけではない。とくに 21 世紀になって，人類学者の調査地では人々がそれぞれに頻繁な移動を繰り返しつつ，スマホなどを使って世界の各地とやりとりをして生活を組み替えていくようなケースが多くなっている。食事や生活をずっとともにしながら調査をすることは，もはや不可能になりつつある。加えて，新型コロナウイルスが出現した昨今では，現地調査はおろか渡航さえもままならない状態になっている。たとえばこの序文を書いている現在も，スカイプやズームなどを使いオンラインで調査地の人々と連絡を取り合う状態が続いている。

　しかしながら，どのような事態になろうとも，人類学者は人々の生き方や考え方にできるかぎり近づこうとし，与えられた環境下での最善の方法を人々とともにみいだそうと努めるだろう。スクリーンや音声をとおしてのみ彼らとやりとりを続けることは，従来の基準では十分な接近とはいえない。しかし多くの人類学者は，苦しい境遇を共有しながら何とかあたらしいコミュニケーションを一緒に作り上げることを通じて，彼らの考え方や生き方を学んでいるのである。

3. フィールドワークの根底にあるのは他者と直接的に向かい合うことであり，文化人類学では困難や苦しみを抱えながら生きている人々への関心が大きな位置を占めるようになっている

　文化人類学は書物を通じてではなく，人々と直接に相対することで彼らについて学ぼうとする学問だから，その彼らのあり方が変化するにつれて，研究関心や方法も変わらざるをえない。人類学がどのように変わってきたかを，ここで簡単に振り返っておこう。

　この学問が大学などの研究機関に誕生したのは 19 世紀後半であった。その当時は，現地調査を柱とするより，文字資料を通じて，人間とは何か，それぞれの社会はどのように違うのかを論じるにとどまっていた。やがて他者をいっそう深く精確に理解するために，アフリカやオセアニアの諸地域，あるいはアメリカ先住民のもとへとおもむき，じかに文化や社会について学ぶことが主流となっていった。その時代は世界の大半が少数の国家によって支配されており，人類学は現地の人々に関する知識を提供しながら，植民地支配とともに発展した。しかし，多くの研究者は決して支配の道具になることに甘んじていたわけではなく，自律した学問にするために研究方法を洗練させフィールドワークを通じて他者を理解しようと努めてきたのである。

　1980 年代まで一般的であったこうしたフィールドワークのあり方——人類学者が遠く離れた調査地で，異なる生活様式を学んでいくという様相——は，21 世紀の今日ではすっかり変わってしまった。交通の発達や経済のグローバル化によって世界が一体化し，人々はスマホを手にしてどことでもつながり，ワールドカップの試合に一喜一憂するようにもなった。こうした生活環境の

変化は，1970年代末から世界規模で始まったものである。

1978年に中国が開放政策に転じ，安価な人件費を武器に「世界の工場」と呼ばれるようになった。南と北といういい方をすれば，日本も含む北の工業国は，中国をはじめとする南の国々にきそって工場を移転したので，北の国々でも経済不安と失業が広がっていった。それと並行して，アメリカのレーガン大統領とイギリスのサッチャー首相のもとで「新自由主義」と呼ばれる社会経済政策がとられて，資本や人間の移動の自由化，社会保障の削減，福祉などの公共サービスの民営化が進められた。それまでは，北の豊かな国々と南の貧しい国々という不均衡が存在していたのに対し，北の国々でも貧困と短期雇用が広がったことで，北でも南でも人々はあやうさと不安を抱えながら生きることを余儀なくされるようになったのである。

これと並行して生じたのが，ソ連経済の弱体化とソ連邦の破綻であり，第二次大戦以降続いた東西冷戦の終了であった。これによって世界に平和と繁栄と自由がもたらされるかと思われたが，実際に生じたのはその逆であった。東西対立という枠が外れたことで，資源をめぐる争いや民族紛争，宗教対立などの混乱が世界各地で生じ，戦火や圧政を逃れる避難民や豊かさを求める移民が大量に生まれた。1992年に難民研究に焦点を当てた人類学者のジョン・デービスが，従来の安定的な社会構造や文化形態の研究に加えて，「混乱と絶望に満ちた人類学」，すなわち「苦難の人類学」の必要性を訴えたのは（Davis 1992），こうした経緯を反映したものであった。

ところがその20年後，工場閉鎖，失業，短期雇用，疾病，戦争，災害といった，人々が直面する苦難をテーマにした「暗い人類学」は，著名な人類学者シェリー・オートナーが指摘するよう

に人類学の一大テーマになっていた（Ortner 2016）。本書の第Ⅰ部の各章が，貧困，災害，うつ，病気，性的マイノリティといった困難な状況のなかで生きている人々を扱っているのは，こうした近年の傾向を反映しているのである。これらの論文の多くは苦難を抱えた人々への共感を強く示しており，そのことは近年の人類学の傾向の1つといってよい。とはいえ，人類学者は苦難や困難を抱える他者に感情移入するのではなく，他者に共感する自分を客観化することで，彼らと私たちが置かれている世界の状況とそこに生きる困難とを理解しようと努める。今日の人類学は文化的な差異の理解だけでなく，「傷つきやすい存在としての人間の共通の性質」（Robbins 2013：450）に強い関心を向けているのである。

4．世界各地で生じている困難の多くは，社会経済的なだけでなく文化的な問題であり，文化人類学は人々がそれらの問題にどのように対処しているかを知ることで，困難の克服に貢献しようと努める

　文化人類学は困難や苦難を抱える人々を，主観と客観との往復運動のなかで理解しようとするだけでなく，そうした課題を生み出した世界のあり方を問い直そうとする。そのとき文化人類学は，社会や経済を私たちの外部にある完全に客観的な制度ではなく，つねに私たちが意味を与えることによって機能する主観性を帯びた実在としてとらえる点に特徴がある（このような観点を私たちは文化論的な観点と呼んでいる）。このとき，私たちが与える意味はあまりに慣習化され，自明なものとみなされているので，他者の生活世界を参照したり，他の人々の行動や思考を忠実にたどったり

することで，それを批判的に見直すことが必要だと考えられるのである。

　本書の第Ⅱ部は，こうした観点に立つ章によって構成されている。ここでとりあげるのは，アート，人間と動物，食と農，自分，政治といった私たちに身近なテーマだが，実際に論じているのは社会経済的な側面だけでなく，人々の認識や価値判断までを含む複雑な現象であることがわかるだろう。そして，私たちがあたりまえとしている見方や考え方が，じつは世界にたくさんある見方や考え方の１つでしかないことが理解できるようになるだろう。

　とはいっても，世界に多様な見方があり，人々がそれに沿って生活を築いていることを理解することが，人類学の最終目的ではない。先にもいったように，人々は多くの困難や苦難に直面しながら，それを乗り越えようとして努力を重ねている。世界には多様な文化，多様な意味の体系が存在するのだから，困難や苦難を乗り越えようとする試みも多様なはずである。そうした人々の試みのなかには，明日を切り開いていく可能性をもつものもあるのではないか。最後の第Ⅲ部では，この観点からさまざまなテーマを議論する。

　第Ⅲ部を構成するのは，自由，分配と価値，SNS，エスノグラフィなどの章である。これらは私たちの生活や思考のなかに入り込んでいる現象だが，同時にそこには世界の明日の姿を垣間見せてくれる要素もある。具体的な事例から出発しつつ，そこから可能な未来を想定することは，私たちの生きている現在を批判的に見直すために有効だろう。それもまた，人類学のつとめであり可能性なのである

　この本のなかで提示されているさまざまな事例と解釈，構想は，あなたがこれまで親しんできたものとは異なるかもしれない。し

かし，それこそ私たちの望むところである。新しい姿で登場する世界の諸問題に出会うことで，あなた方自身のものの見方や判断のあり方が少しでも変わるように，と私たちは願っている。

　本書との出会いが，人類学者の調査のように，あなたにとってのフィールドワークになってほしい。フィールドワークによって他者と自分の見え方が変わり，みえている世界が変容することは珍しくない。世界の見方が変わるなら，それは世界を変える第一歩となりうる。世界にどれだけ難題が山積し，私たちにできることがどれだけかぎられているにしても，この状況を少しずつ一歩ずつでもあらためていく以外に，おそらく進むべき道はないのである。

　　　　2020 年 10 月

　　　　　　　　　　　　　　　　　　　　春日　直樹
　　　　　　　　　　　　　　　　　　　　竹沢尚一郎

執筆者紹介 （執筆順，＊は編者）

もりた よしなり
森田　良成　　　　　　　　　　　　　　　　　　　　第 1 章

桃山学院大学国際教養学部准教授

主著：「国境を越えるねずみたちのストリート──ティモール島の密輸
における『和解』と『妥協』」関根康正編『ストリート人類学──方
法と理論の実践的展開』風響社，2018 年，『アナ・ボトル──西ティ
モールの町と村で生きる』構成協力：市岡康子（映像作品）2012 年。

かねたに みわ
金谷　美和　　　　　　　　　　　　　　　　　　　　第 2 章

国際ファッション専門職大学国際ファッション学部教授

主著：『布がつくる社会関係──インド絞り染め布とムスリム職人の民
族誌』思文閣出版，2007 年，「手芸がつくる『つながり』と断絶」上
羽陽子・山崎明子編『現代手芸考──ものづくりの意味を問い直す』
フィルムアート社，2020 年。

きたなか じゅんこ
北中　淳子　　　　　　　　　　　　　　　　　　　　第 3 章

慶應義塾大学文学部・社会学研究科教授

主著：*Depression in Japan: Psychiatric Cures for a Society in Dis-
tress*, Princeton University Press, 2012,『うつの医療人類学』日本
評論社，2014 年。

はまだ あきのり
浜田　明範　　　　　　　　　　　　　　　　　　　　第 4 章

東京大学大学院総合文化研究科准教授

主著：『薬剤と健康保険の人類学──ガーナ南部における生物医療をめ
ぐって』風響社，2015 年，『再分配のエスノグラフィ──経済・統
治・社会的なもの』（編著）悠書館，2019 年。

深海　菊絵　^{ふかみ}^{きくえ}　　　　　　　　　　　　　　第 5 章

国立民族学博物館外来研究員

主著：『ポリアモリー──複数の愛を生きる』平凡社，2015 年。

兼松　芽永　^{かねまつ}^{めい}　　　　　　　　　　　　　　第 6 章

国立民族学博物館共同研究員

主著：「アートプロジェクトをめぐる協働のかたち──地域活動と大地
　　　の芸術祭サポート活動のあいだ」白川昌生・杉田敦編『芸術と労働』
　　　水声社，2018 年，「アートプロジェクトの図地転換──田んぼの『棚
　　　田化／アート化』から考える」『国立民族学博物館研究報告』45（2），
　　　2020 年。

奥野　克巳　^{おくの}^{かつみ}　　　　　　　　　　　　　　第 7 章

立教大学異文化コミュニケーション学部教授

主著：『ありがとうもごめんなさいもいらない森の民と暮らして人類学
　　　者が考えたこと』亜紀書房，2018 年，『モノも石も死者も生きている
　　　世界の民から人類学者が教わったこと』亜紀書房，2020 年。

MOSA　^{もさ}　　　　　　　　　　　　　　　　　　　　第 7 章

マンガ家

主著：『マンガ人類学講義 ボルネオの森の民には，なぜ感謝も反省も所
　　　有もないのか』（共著）日本実業出版社，2020 年

＊竹沢　尚一郎　^{たけざわ}^{しょういちろう}　　　　　　　　　　第 8 章

国立民族学博物館名誉教授

主著：『人類学的思考の歴史』世界思想社，2007 年，『社会学のエッセ
　　　ンス〔新版補訂版〕』（共著）有斐閣，2017 年。

＊春日　直樹　<ruby>春<rt>かす</rt></ruby><ruby>日<rt>が</rt></ruby>　<ruby>直<rt>なお</rt></ruby><ruby>樹<rt>き</rt></ruby>　　　　　　　　　　　　　　第 9 章

大阪大学名誉教授・一橋大学名誉教授

主著：『現実批判の人類学——新世代のエスノグラフィへ』（編著）世界
　　思想社，2011 年，『科学と文化をつなぐ——アナロジーという思考様
　　式』（編著）東京大学出版会，2016 年。

松田　素二　<ruby>松<rt>まつ</rt></ruby><ruby>田<rt>だ</rt></ruby>　<ruby>素<rt>もと</rt></ruby><ruby>二<rt>じ</rt></ruby>　　　　　　　　　　　　　　第 10 章

総合地球環境学研究所特任教授

主著：『集合的創造性——コンヴィヴィアルな人間学のために』（編著）
　　世界思想社，2021 年，*African Potentials: Bricolage, Incomplete-
　　ness and Lifeness*（共編著）LANGAA, 2022.

中川　理　<ruby>中<rt>なか</rt></ruby><ruby>川<rt>がわ</rt></ruby>　<ruby>理<rt>おさむ</rt></ruby>　　　　　　　　　　　　　　第 11 章

国立民族学博物館准教授

主著：『文化人類学の思考法』（共編著）世界思想社，2019 年，『移動す
　　る人々——多様性から考える』（共編著）晃洋書房，2019 年，『かか
　　わりあいの人類学』（共編著）大阪大学出版会，2022 年。

西　真如　<ruby>西<rt>にし</rt></ruby>　<ruby>真<rt>ま</rt></ruby><ruby>如<rt>こと</rt></ruby>　　　　　　　　　　　　　　第 12 章

広島大学大学院人間社会科学研究科准教授

主著：「あの虹の向こう——大阪市西成区の単身高齢者と世代・セクシ
　　ャリティ・介護」森明子編『ケアが生まれる場——他者とともに生き
　　る社会のために』ナカニシヤ出版，2019 年，*Curing Lives: Surviv-
　　ing the HIV Epidemic in Ethiopia*, Palgrave Macmillan, 2023.

久保　明教　　　　　　　　　　　　　　　　　　　　第 13 章

一橋大学社会学研究科教授

主著：『機械カニバリズム——人間なきあとの人類学へ』講談社，2018
　　　年，『ブルーノ・ラトゥールの取説——アクターネットワーク論から
　　　存在様態探求へ』月曜社，2019 年。

小川　さやか　　　　　　　　　　　　　　　　　　　第 14 章

立命館大学先端総合学術研究科教授

主著：『都市を生きぬくための狡知——タンザニアの零細商人マチンガ
　　　の民族誌』世界思想社，2011 年，『チョンキンマンションのボスは知
　　　っている——アングラ経済の人類学』春秋社，2019 年。

第Ⅰ部

傷つきやすいものとしての人間

第1章　貧　困

大阪，淀川河川敷で

　　自分が何らかの事情で貧しい生活に陥ってしまった状況を，できるだけ具体的に想像してみてほしい。そのときに自分は，どんなことに，どんな苦しみを抱えているだろうか。自分の周りの世界はどのように見えているだろうか。家族や友人との関係はどうなっているだろうか。

　　貧困は，発展途上国だけでなく，豊かであるはずの先進国においても大きな問題になっている。それでは日本において「貧しい」ということと，たとえばインドネシアの地方において「貧しい」ということは，どのように同じでどのように違っているのだろうか。

　　2つの事例を人類学的に改めて考えて，比較してみよう。豊かさと貧しさ，経済と社会の関係について新しく考えを展開していけるはずだ。

1 貧困への恐怖

「いつか自分もこうなるかも」

阪急電車が十三駅を過ぎて大阪梅田駅
に到着する手前で，淀川を渡る。学生の
ころよく利用していたこの路線の車窓か
らは，河川敷で暮らすホームレスの人々の小屋がいくつも見えた。
大学の授業で文化人類学を学び，「フィールドワーク」という言
葉を知った私は，彼らの生活に興味をもち，話を聞きにいくよう
になった。

　彼ら・彼女らの話を聞きながら，「いつか自分も，こうなって
しまうのではないか」という不安を抱いた。大学で周りにそう話
すと，「まさか」という人がほとんどだった。もちろん，話を聞
いていたホームレスの人たちの半生に比べて，自分の状況がはる
かに恵まれていることはわかっていた。食べるものにも事欠くと
いう経験はなく，両親に学費その他を出してもらい，就職難が言
われていた時期に大学院に進学するという選択もできた。「いつ
か自分もこうなるかも」という想像には，限られた知識と経験か
らくるずいぶんナイーブな部分があったし，それはあくまで漠然
としたものだった。しかし，単なる空想のようにも思えなかった。

　10 年近く経ってから，そうした気持ちをたびたび思い出した。
そのころには，非正規雇用やワーキングプアといった話題が，日
本における新しい貧困の問題として取り上げられるようになって
いた。やっと大学院を修了したものの，常勤や専任の仕事が得ら
れず，限られた収入で生活を続けている自分もこれに含まれてい
た。大学院修了の時点で 30 歳をとっくに過ぎており，任期に制

限のある研究員などの仕事があったわずかな期間を除けば，大学
や専門学校の非常勤講師としての収入に頼って生活した。

　多い時期には週に合計 10 コマの授業をあちこちで担当し，ど
うにか大卒初任給ほどの収入を得られた。どの授業も契約は年度
単位なので，翌年も続けられる保証はない。何年も契約を更新し
て授業をさせてくれた大学もあったが，授業初回のつもりで出向
いたその場で不開講を告げられたところもあった。一定の収入を
得るためにできる限り多くの授業を引き受けようとしたが，準備
や採点に時間を取られ，同じ日に遠く離れた 2 つの大学の間を移
動するのに体力を消耗した。心身ともにいつまでもちこたえられ
るのだろうかと，不安だった。非常勤講師の経歴だけでは，年齢
とともに労働力としての自分の価値は下がるばかりで，正規の職
に就ける可能性はますます小さくなり，いずれ今のような生活も
維持できなくなる。そのときにどうしたらいいだろうか。そうな
らないために，今から何ができるのだろうか。答えはなかなか出
なかった。

　こうしたなかで，かつてホームレスの調査をしていた当時に抱
いた不安が何だったのか，改めて理解できたような気がした。今
になって思えば，それは経済的な問題だけを恐れていたのではな
かった。非常勤講師で食いつなぐ生活であっても，空腹に苦しん
だり，衣服や住居に困ったりするまでではなく，経済的に限界と
いうわけではなかった。しかし，それまでに自分がしてきたこと
を肯定する気持ちや，社会のどこかには居場所があるという安心
感，将来への希望といったものを抱くことがかなり難しくなって
いた。この状態が長引いていけば，経済的には限界のまだ手前で
あっても，先に身体や精神に限界がくるかもしれない。自分や社
会に対する否定的な感情や，支えてくれる家族や友人に対する恥

ずかしさに耐えられなくなって，そうした生活から逃れるように
孤独に陥り，最後にはホームレスになっていくのかもしれない。
そんなことを考えながら，かつて河川敷や大阪駅周辺で話を聞い
ていた人々が，自作の短歌を書き記したカードを路上に並べて通
行人の目を引こうとしたり，深夜の商店街を1人で時間をかけて
掃除したり，誰かとの他愛のないおしゃべりの機会を大事にした
りしていた姿を思い出した。あの人たちはそうした行動を通して，
食料や体を休める場所を手に入れようとしていたわけではなく，
自分が生きる意味や社会における自分の居場所をそれぞれのやり
方で見つけ出そうとしていたのだろう。

　元大学院生によるキャンパス内での「放火自殺事件」や，宝塚
市による氷河期世代を対象にした正規職員募集（2000年前後に大
学を卒業し，正規雇用の仕事に就けずにいる「氷河期世代」の人々に対
象を限定したところ，応募が殺到して倍率545倍となった）があったの
は，私が40歳を過ぎてようやく任期に制限のない常勤身分で働
けるようになったのと同じ時期だった。他人事だとはとても思え
なかった。

「きっと自分はこうは
ならない」

　将来への漠然とした不安を抱きつつも大
学院に進学し，大阪でホームレスの調査
をしばらく続けたあとに，インドネシア
の西ティモールについて研究を始めた。西ティモールのある東ヌ
サ・トゥンガラ州は，厳しい自然環境と低開発の問題が指摘され，
現在もしばしばインドネシアで「最も貧しい地域」といわれてい
る。ごく限られた都市部を除く多くの地域では，慢性的な食糧不
足による飢えと栄養失調が問題として指摘され，電気や水道とい
った日本では常識とされる「ライフライン」が整備されていない

西ティモール，廃品回収人たちの小屋で

地域が今も多い。そうした貧しい農村の1つから，現金収入を得るために都市に出稼ぎにやってきて，廃品回収の仕事をしながら暮らしている人々に関心をもった。

　村人たちには特別な技術や学歴やコネがないので，小さな地方都市に出稼ぎに来ても，仕事の選択肢は限られる。廃品回収業は，そうした仕事の1つだった。粗末な荷車を押して町を歩き，空き瓶，スクラップ，古紙などを集めて回り，それを親方に買い取ってもらって1日の稼ぎを得る。町で家族そろって暮らせるような余裕はないので，妻子を残して男たちだけが村を離れ，親方が与える雑居小屋でつつましく暮らしていた。彼らは数週間から数カ月の間，町でお金を稼ぎ，村に持ち帰って，それが尽きたころにまた町に戻ってくるのだった。

　廃品を満載した重たい荷車を押して歩く西ティモールの廃品回収人の姿と，段ボールを山のように積んだリヤカーを引いたり，空き缶でいっぱいの袋をいくつも積んだ自転車をこいだりして大阪の町を行き来するホームレスの人々の姿は，よく似ていると思った。廃品回収人たちの雑居小屋には十分なスペースはないので，夜になるとけっこうな人数が屋外の適当な場所に段ボールで寝場

所をつくり，蚊をよけるために頭まで布を被って眠るのだった。

　やがて西ティモールの人々とのつきあいは，大阪でフィールドワークをしていた数年間よりもはるかに長いものになった。その間に西ティモールの友人たちは，少年から大人になったり，結婚したり，村に新しい家を建てたりした。妹の学費を払い続ける者や，島外や国外に出稼ぎに行く者，子どもや孫ができた者，死んでいった者もあった。その間に私自身は，非常勤講師で食いつなぐ暮らしが長引くようになり，生活に息苦しさを感じるようになっていった。こうしたとき，自分に近い存在として感じていたのは，ずいぶん前につきあいのあった大阪のホームレスの人々だった。西ティモールの彼らに対しては，「自分は，きっとこうはならない」という気持ちがあった。「いつか自分もこうなるのでは」という思いを彼らに対して抱くことはなかった。

2 2つの貧困

どちらがまだ「まし」
なのか

「私たちの生活は，蛇口をひねればきれいな水が出るし，電気，ガスを不自由なくあたりまえに使えている。西ティモールでの彼らの貧しい暮らしを知って，日本で生きる自分がいかに恵まれているのかよくわかった」。大学の授業で西ティモールの様子を紹介すると，こうした感想を聞くことがある。たしかにそのとおりであって，現在の日本で暮らすほとんどの人にとっては，何らかの事情でそれなりに生活が苦しくなったとしても，西ティモールの彼らほどの重労働と1日数百円という収入，慢性的な食糧の不足，ライフラインの切断といった問題に直面するという事

態は考えにくいだろう。生活環境や社会的な制度がかなり整っている日本で暮らす以上は，たとえ厳しい状況に置かれたとしても，それなりに便利で快適な，西ティモールの人々よりはだいぶ「まし」な生活を維持することができ，「ああまではならない」ですむのではないか。たしかに，大阪で出会ったホームレスたちの生活には，部分的に切り取って見るならば，西ティモールの彼らよりも便利で恵まれているところがあった。

　しかし西ティモールの人たちに対して「自分は，きっとこうはならない」と感じたのは，「ここまでひどい生活に陥ることはない」というこのような気持ちからではなかった。「自分はどうやっても，きっとこうはなれないのではないか」，彼らのように生活をすることは，真似をしようとしてもできないのではないか，という気持ちからだった。

貧困の「違い」　言語も顔つきも，生まれ育った環境も違うのだから，西ティモールの廃品回収人たちよりも大阪のホームレスに自分を重ねやすいのは，ある意味であたりまえではある。しかし両者の間には，もっと別の違いがある。

　2つの貧困の事例の違いを，そもそもどのように考えることができるのだろうか。「より進んでいる／遅れている」「より恵まれている／恵まれていない」といった比較の軸を設定する考え方がある。こうしたときに2つの貧困は，先進国と発展途上国という区別に対応させて，「日本で貧しい生活を送ることになったとしても，西ティモールの人々の生活よりはまし」だと考えられる。

　このとき2つの事例は，同じ問題のその「程度」が違うものとしてとらえられている。住民の平均所得，安全な水や安定的な電

力が使用できる地域の割合，5歳未満の子どもの死亡率などの統計上のさまざまな数値は，2つが比較可能であるとしたうえで，その違いを数値のきわめて大きな隔たりによって示している。つまりここでの2つの違いとは，貧困という同じ現象の「程度」の差の問題，量的な違いである。2つとも貧困という同じ線上にあり，その違いを同一線上に置かれた2つの点の隔たりが示すことになる。

　しかし，大阪のホームレスと西ティモールの廃品回収人の違いを，「程度」の違いによってどこまで説明できるのだろうか。2つはたしかに似てはいるが，そもそも問題としてどれくらい「同じ」現象なのだろうか。むしろそう簡単には「同じ」ものとして重ねることのできない「性質」の違いが，ずいぶん大きいのではないか。

　2つの「性質」の違いを単純な印象で語るならば，西ティモールの人々に悲惨さを感じることはあまりなかった。たしかに，さまざまな統計数値は彼らの苦しい生活ぶりを示しているし，近代的な医療の環境も整っていないので，実際に友人のなかには少し体調を崩しただけであっけなく死んでしまう者もあった。主食であるトウモロコシを手に入れるための村の畑での農作業も，現金を得るための町での廃品回収も，どちらも大変な労働であり，そこから得られる収穫量も収入も日本の基準に照らしてずいぶんと少ない。生活保護のような救済制度もない。

　しかし彼らからは，最低限度の生活をどうにか維持して，その日その日を何とかぎりぎりで生き抜いているという切迫感や危機感がほとんど感じられなかった。何らかの事情で落ち込んだり泣いたりすることはもちろんあるが，生活のほとんどの場面では，むしろ余裕が感じられた。だから私は西ティモールの人々のよう

には「なれない」と感じたのだった。安定した仕事が得られずに年齢を重ね，このまま貧しく苦しい生活に転落していくのではないかという不安を募らせていたとき，閉塞感に苦しむこともなく，彼らのように落ち着いた態度でけっこう幸せそうに暮らしていくことは，「とても真似ができない」と思った。この意味で彼らの生活は，私とも大阪のホームレスとも違っていたのだった。

　ここで言いたいのは，「私たちよりもはるかに貧しいはずの西ティモールの人々は，笑顔を絶やさず，楽しそうに生きている。彼らは物質的には貧しいが，精神的には私たちよりもよっぽど豊かで，貧しいのはむしろ私たちのほうだ」といったことではない。このような語り方は，貧しい人々に対する否定的なステレオタイプと同じくらい繰り返されてきた。だがこれは，先ほどの同一線上で2つを比較する考え方の「より進んでいる／遅れている」という述語の部分を，「より貧しい／豊か」に入れ替えたにすぎない。2つの事例を同じ線上に置いてその隔たりの程度を測るということでは同じであり，問題の性質の違いは依然として考慮されていない。「心の豊かな貧しい人々」をこのようにただ思い描くだけならば，人類学的な考え方を持ち出す必要はない。

　これまで文化人類学は，多くの場合に先住民や途上国のいわば「貧しい」人々を研究対象としてきた。しかしその一方で，貧困の概念から距離を置いてきた。人類学者が貧困を問題にする際の特徴とは，相手の側の貧困を一方的に問うのではなく，他者を貧困と見る私たちのものの見方を問い直そうとする姿勢である（湖中 2020：90)。異文化の理解を通して自らの文化に対する理解を深めるというのが，人類学の核心的な部分である。2つの貧困の違いは，「程度の違い」や，どちらかが「精神的に／物質的に」「より豊か／貧しい」といった表現によってではなく，人類学に

よってもう少し丁寧に説明することができる。

　それは，西ティモールの彼らの生活において「お金」がどのような意味をもっており，それがどのように使われているのかを考えることによって可能になる。

3 お金と人生

「ただお金だけがない」　　西ティモールの町にある彼らの雑居小屋で，その晩私は同い年のファヌスに，彼らの民族言語であるダワン語を教えてもらっていた。彼らは他の多くのインドネシア人と同じく，2つの言語をあたりまえのように使いこなしている。生まれ育った環境のなかで自然に習得する民族言語（西ティモールの彼らの場合はダワン語，あるいはメト語ともいう）と，学校教育や都市での生活，マスメディアなどを通して身につけていく国語としてのインドネシア語である。

　そのときファヌスは，「自分たちは，ずっと苦しい生活をしている」というダワン語の例文を私に示した。するとそばにいたジョニが，呆れた顔で笑った。「おかしな文章をつくって，何をふざけているんだ」。

　「どこがおかしいんだ。俺たちは実際，苦しい生活をしているじゃないか」とファヌスが言い返した。しかしジョニは，「いつも腹いっぱい食べている俺たちの，いったいどこが『苦しい』生活なんだ」と笑う。これに対してファヌスが言う。

　　いいや，俺たちのような人間のことを，インドネシア語で「苦しい（susah）」生活をしている「苦しい」人間だという

んだ。「苦しい」人間というのは,「貧乏な (miskin)」人間のことだろ。俺たちは,食べるものはいくらだってあるけど,お金が「貧乏」じゃないか。だからこの文章は,何もおかしくない。

ファヌスはインドネシア語の「susah（苦しい,困難な)」に「miskin（貧乏な)」という言葉を加えてジョニに反論しようとした。しかし,「お金が貧乏だ」というかえっておかしな言い回しになってしまった。ジョニは大きなあくびをし,「ばかみたいな話をしていたら,もう眠くなってきた」と言って,まともには取り合わなかった。言われたファヌス自身も周りにいた数人も笑った。

また,私が西ティモールに来て間もないころに,廃品回収の親方がつけているテレビを数人で一緒に見ていたときのことだ。ニュースで,首都ジャカルタの貧しいスラムの様子が映し出された。私はほとんど無意識に,画面に映し出された人々を,一緒にテレビを見ている廃品回収人たちに重ねていた。そのとき1人が,「あいつら大変だなあ,かわいそうだなあ」とつぶやいた。その口ぶりと表情は,あくまで他人事として,「かわいそうな貧しい人たち」に同情しているようだった。彼は私と違って,テレビに映し出された貧しい人々を自分たちに重ねてはいなかった。

彼らは町に出稼ぎに出て,粗末な小屋で寝起きしながら重労働をこなし,何とかお金を手に入れている。近年では,出稼のために島を離れ,国境も越えて,数年間帰ってこない者もある。なぜなら,お金を手に入れることが彼らにとって重要だからだ。生活のためにお金を必要としており,労働によってそれを手に入れようとしている点で,彼らと私たちに違いはない。しかし,思う

ようにお金を稼ぐことができずに，ひどい貧困に苦しんでいるはずの彼らは，「自分たちには食べ物だって家だって，何もかもある。ただお金だけがない」としばしば語るのだった。こうした言葉を違和感なく口にすることは，日本で生きる私たちにとっては難しいだろう。

　ここに，彼らと私たちとの大きな違いがある。彼らがこのように語ることができるのは，「お金がない」ということと「その他のものがない」ということとが別の問題だからだ。だから彼らは，「何もかもすべてがある。ただお金だけがない」と語ることができるのだ。

貧困と社会的排除　現在の日本で暮らしていくうえで，西ティモールの彼らのように「何もかもある。ただお金だけがない」と躊躇せずに語ることは難しい。私たちの生活には，市場経済のルールが分かちがたく組み込まれている。それは，食べ物や土地，さらには労働力としての人間に至るまで，生きていくために必要なほとんどあらゆるものに値段がついていて，それらを売り買いできる商品として扱うというものだ。生きていくために欠かせないさまざまなものやサービスをそこで手に入れて暮らしを維持していくためには，自分あるいは家族などの周りの誰かが労働市場にそれなりの居場所を確保していて，一定の収入が得られているということが必要になる。こうした状況では「お金がないと生活が成り立たない」という考えを無視して生きていくことは，不可能に近い。

　市場経済の原理が力をもちすぎた状況においては，経済活動が社会関係を存続させていくための手段として存在するのではなく，逆に経済活動を維持し成長させるために社会が存在するかのよう

に語られる。このような、いわば経済活動に埋め込まれてしまった社会関係（ポランニー 2003；中川 2008）を生きていくうえで、労働市場において非正規雇用のような不安定な立場に置かれることには大きな苦しみが伴う。なぜならその苦しみは、「お金がないからものが買えない」ということに留まらないからだ。貧困が議論される際に「社会的排除を同時に考える必要がある」ことが強調されるのも、「お金がない」者がそのことのために社会における居場所を失い、存在自体を廃棄され、社会から排除されてしまうからだ（阿部 2011）。市場経済において必要とされ、認められる人間とは、市場経済のルールのなかで何らかの価値を生み出す労働者か、そうした価値を際限なく求めて消費を続ける消費者かである。「お金が稼げない、足りない」ということは、労働者としても消費者としても役割を十分に果たせないことを意味する。取り換えが可能な労働力としてすでに使い捨てられたり、消費者としての力を発揮できなくなったりした人間は、この社会でもはや必要とされない「余分」な存在とみなされて廃棄されてしまう（バウマン 2007）。つまり、労働市場に居場所をもてないことで、食べ物や住む場所が手に入らなくなるのと同時に、どれだけ苦労しても周囲から評価してもらえずに不満を抱いたり、家族や友人に負担をかけていることが心苦しかったり、将来の計画が立てられずに不安を抱えたりして、社会に「自分の居場所」を見つけることが難しくなる。生活保護などの制度に救済を求めて収入を補うことができたとしても、社会にとって「余分」な存在であるかのように扱われ、本人までも自分自身を追い詰めてしまう。市場経済に埋め込まれた社会の仕組みにおいて、「貧困」ということには「お金がない」という単純な事実以上のこうした不快や苦痛が生じる。

一方の西ティモールの廃品回収人たちは，市場経済と無縁のところで生活をしているわけではない。彼らは生活のためにお金を必要としており，だから町まで出てきて，重労働にも耐えている。ただし西ティモールの廃品回収人たちが生活する世界においては，「何もかもある，ただお金だけがない」という語りが成立している。この言葉は，単なる強がりや，「気の持ちよう」からくるものではない。彼らの生活と人生において，「お金がない」ことと「その他のものがない」ということは連続しておらず，この2つが別の問題になっているのである。

　彼らの村には自分の土地，家屋，畑がある。村での日々の食料のほとんどは，自分の手間と時間をかけた畑から手に入る。また電気や水道などの利用できる公共サービスはごく限られているので，それに対する出費もほとんどない。出稼ぎに来た町で暮らす間は何をするにもお金がかかるが，村にはこのような自給の度合いの高い経済があるので，日常の出費はかなり限られている。このような意味で，実際に彼らには，お金がなくても「その他のものがある」。しかし，「お金がない」ことと「その他のものがない」ことが別の問題になっているというのは，ただこうしたことを意味するのではない。彼らは市場経済とは別に，もう1つの経済のルールに従って生活をしている。彼らは自分や家族の幸せと名誉のために，結婚式や葬式，あるいは墓の再建などの儀礼を村で頻繁に行い，そこで大勢の客を大量の食事でもてなす。こうした場面では必ず，集まった全員で食事をとることになっている。自分が客として誰かに招かれたときには，ふさわしい贈り物を持参して参加する。

　儀礼の機会には，集まった人々に振る舞う食事や持参する贈り物のために，自分の農地ではつくることのできない米，自分でふ

だん飼育している以上の数の家畜，町で売られている衣類や食器などが準備される。これらを手に入れるために，彼らはお金を稼いでいる。お金を稼ぐのは，それを蓄えて，投資してさらに増やし，より多くのものを手に入れて自分で消費するためではない。労働の成果として得たものを，儀礼を通して自ら手放し，相手への贈り物のために使い果たすためである。儀礼における贈り物の機会に自分の役割を果たすことができれば，「お金だけがないが，ほかはなにもかもある」生活を続けることができる。次の儀礼のときまでは，町での出稼ぎ生活を中断することさえできる。

つまり彼らは，市場経済とのつながりをもちつつも，そこにすっかり飲み込まれてしまってはいない別の経済を動かしながら生きている。市場経済の仕組みのなかでは匿名の労働力として重労働に耐えてお金を稼いでいるが，贈り物のやりとりを繰り返すもう1つの経済においては，特定の親族集団のなかの具体的な個人としての役割を果たす。贈り物のやりとりで役目を果たすことは，自分に至るまでの親族の歴史やつながりを確認して，自分の居場所を手に入れることである（Fox ed. 1980）。市場経済のルールによって自分の価値を一方的に労働力として決められて，それに従ってお金を稼ぐということと，贈り物のやりとりによって維持される別の経済のルールによって自分の価値を確認し満足を得るということとが，つながってはいるものの別の問題になっている。彼らも市場経済と無縁ではないが，市場経済の尺度を唯一の尺度とはしておらず，それを複数の尺度のうちの1つとして考えている。この違いが，2つの貧困の事例の違いを考えるうえで重要なのである。彼らにとって「お金がない」ことは，居場所を失うこと，社会から排除されることに直結してはいない。彼らには，たしかにまとまったお金を稼ぐための手段が乏しいし，手に入るお

金の額も限られている。しかし市場経済とは異なる尺度が，彼らがお金を稼ぐこと，それを使うことに別の意味を与えており，それが彼らの生活を支え，居場所を与えているのだ。

　私が大阪のホームレスに重ねた貧困への不安の中身は，経済的な困窮への不安だけではなく「自分の居場所を失ってしまう」ことへの不安だった。非正規雇用の仕事しか得られない生活が長引くなかで感じた居心地のわるさや閉塞感も，「お金がない」という事実と一体になった「社会から排除されること」「余分な存在として廃棄されること」への恐れからくるものだった。私の「お金のなさ」の程度は，淀川河川敷や大阪駅周辺にいた人々よりまだはるかにましだったし，西ティモールの人々とは比べようもなく「豊か」ではあったが，「自分の居場所を失ってしまうのでは」という不安は小さなものではなかった。一方で西ティモールの人々の生活は，私よりもはるかに「貧しい」ものであっても，こうしたことを問題にしていなかった。「お金がない」という理由でそのこと以上の苦しみを背負わないですむ生活があり，そのような生活のありようが違いすぎて，私には彼らに自分を重ねることができなかったのだ。

4 貧困の多様さと，そこからの自由のあり方

　先進国には物理的な生活環境だけでなく社会的な制度が整っているので，貧困に陥ったところでその生活は発展途上国よりはまだましだ，と考えるかもしれない。たしかに，労働者や消費者としてのまっとうな地位を得られているのならば，そこでの生活をそれなりに快適に過ごせるだろう。しかしそのどちらにもなれず

に社会から排除されてしまった場合には，西ティモールの人々が感じるであろうものとは別の性質の，しかもかなり大きな苦しみを抱えなければならない。人間は社会のなかで何らかの役割を得て，それを果たすことで自分の居場所があるのだと実感することができる。市場経済に埋め込まれ，市場経済の尺度をほとんど唯一の尺度とする社会で，この尺度をあたりまえのものとしている人間に居場所を与える役割を果たしているのは市場である。労働者としても消費者としても存在を認められないということは，市場だけでなく社会からも余分な存在として廃棄され，自分の居場所そのものを失ってしまう苦しみと直結している。これが貧困の大きな恐怖と苦しみとして，貧しい者に突き刺さることになる。

　世界のさまざまな貧しい人々の生活に対して，統計上の数値や，「先進国／発展途上国」のような単純な比較や，「経済的には貧しいが，精神的には豊かだ」のような手放しの礼讃といったさまざまな紋切り型の束に還元しようという衝動がある。しかし，いま私たちが生きる世界の多様性を理解しようとするならば，本当にその生活を，複雑さと豊かさのすべてにおいて理解するだけの手間暇をかけるところから始めなければならない（バナジー＆デュフロ 2012：8；湖中 2020）。ある時代と社会においてあたりまえだとされている個人の生き方や社会のあり方は，それぞれの特殊な歴史的起源をもち，特殊な歴史的状況のなかではぐくまれ，可能になっている。だから現在の日本で生きる私たちには主流で普遍的な生き方や考え方に見えても，それらはむしろ特殊で一時的なものかもしれない。西ティモールの人々を発展途上国の悲惨な貧乏人として片づけ，一方では日本における貧困を，彼らよりはまだましな生活が自動的に保障されているとする評価は，市場経済の尺度に照らせば正しくても，異なる尺度をあてはめてみると当然

間違ったものとなる。2つの貧困の間には，同じところと違うところとがあり，それぞれの苦しみがあり，当人にとっては意外なほど平気だと感じられている部分もある。

　貧しい人々に対する援助について考え，行動する際にも，貧困という抽象的で巨大な問題を一挙に解決しようという気持ちを警戒する必要がある。援助の事例のうち，いい結果をもたらしたものともたらさなかったものをよく分析し，それぞれの場所での多様な生活において具体的な問題が何かを見極めて，そのうえで解決策を練っていくことが重要である。貧困の問題に限らず，現実の多様さに対する謙虚さを保ち，人間の生活や社会のあり方の可能性を忘れずに，個人の生き方や社会のあり方の多様性を追求していくことが大切なのである。

 ブックガイド

アビジット・V・バナジー＆エスター・デュフロ『貧乏人の経済学
　──もういちど貧困問題を根っこから考える』（山形浩生訳）みす
　ず書房，2012 年
　●貧しい人々の生活は多様であり，貧困の問題を一挙に解決するよ
　うな方法は存在しない。著者らは，これまでに行われた援助のさ
　まざまな事例が，その対象となった人々にもたらしてきた結果を実証
　的に分析している。そのうえで，貧困をさまざまな紋切り型の束に
　還元して説明しようとするのではなく，貧しい人々の行動の原理に
　ついて理解を深めながら，具体的な課題を 1 つずつ解決していくこ
　とが重要だと論じている。

スティーヴン・M・ボードイン『貧困の救いかた──貧しさと救済を
　めぐる世界史』（伊藤茂訳）青土社，2009 年
　●貧しい人々に対する個人の反応や態度，そうした人々を救済ある

いは「矯正」するための制度は，どのような歴史を経て今日のもの
になっていったのだろうか。人間個人の価値が物質的な所有に結び
つけられて，貧困が個人の怠惰や道徳的な欠陥として扱われるよう
になっていくという，現在に至るまでの「貧困の歴史」を明らかに
している。

阿部彩『弱者の居場所がない社会——貧困・格差と社会的包摂』講談
　社現代新書，2011年
　●経済的に豊かな国とされている日本において，貧困，格差，社会
　的な排除はどのように問題となっているのか。とりわけ，問題の当
　事者にとってそれがどのような苦しみを伴うものなのか，理解を深
　めることができる。

第2章

自 然 災 害

被災地における手仕事支援の意義

お地蔵さんのマスコット。大勢の子どもを津波で失った地域では，子どもの守りであるお地蔵さんが供養として飾られた（2018 年 11 月，宮城県にて撮影）

　世界各地で発生している自然災害の被害を日常的にニュースで見聞きすることが増えている。被災した人々は，どのように生活や仕事の場を再建し，日々の暮らしの秩序をとりもどすのだろうか。また，周囲の人々はそれをどのように手助けしようとするのだろうか。被災地支援として女性の手仕事がもちいられた，インド（2001 年発生のインド西部地震）と日本（2011 年発生の東日本大震災）の 2 つの事例を紹介する。

　インドでは，開発 NGO の支援で手仕事による女性の雇用創出が実現した。日本では仮設住宅の集会所などでボランティアが主導して手仕事が行われた。手仕事は生計を補完する収入になり，また，辛い時間をやりすごし他者と共にいる機会を与えてくれたのである。

1 自然災害の被災地をフィールドにする

　2001年1月26日，私のフィールドであるインドにおいて大地震が発生した。この地震は，インド西部グジャラート州を震源地として，マグニチュード7.7の規模で発生した。のちにインド西部地震と名づけられたこの地震は，2万人という多数の死者をだし，この地域に甚大な被害を与えた。

　自然災害とは，地震や津波，火山の爆発など自然現象によって引き起こされた災害のことで，人命や社会的財産をそこない，社会的秩序を崩壊させるような事態を引き起こす。自然災害に対比されるのは人為災害である。

　私は地震の1年前までインドに滞在して，博士論文を執筆するためのフィールドワークを行っていた。まさか，自分の調査地が被災地にはなるとは思わなかった。今のようにSNSのない時代だったので，電話がつながらなくなると，まったく現地の様子はわからなかった。調査先でお世話になっていた人たちは，無事なのだろうか。現地と連絡がつくまでの1週間の心配は，言葉では表せない。彼らと一緒に被災したかのような経験であった。地震発生の報を聞いて3カ月後に，ようやく現地に行くことができた。

　その訪問以来，継続的に現地を訪れ，調査を行ってきた。私は，手仕事にかかわる研究をしていたため（金谷 2007），手仕事を介した支援について調査を行うことになった。その過程で，日本で東日本大震災が発生し，その被災地でも手仕事を介した支援を調査した。インドと日本の2つの被災地で，同じテーマで研究を行ったことから見えてきたことについて論じたい。

なお，本章に登場する方々についてはプライバシーに配慮して
すべて仮名にし，手仕事にかかわる活動についても，論旨に必要
ないと思われる詳細は記さないことにする。

インドの被災地　被害が甚大だったブジ市は，王城を中心
　　　　　　　　　　　　とした旧城下町であった。100 年以上も
前に建設されたレンガや石積みの住宅や店舗が，まがりくねった
狭い路地の両側につらなっていた。またコンクリートで改修され
た家屋には十分な鉄筋が入っていないものが多かった。地震が町
を襲ったとき，これらの住居はひとたまりもなく倒壊した。その
とき町にいた人々は，地震の直後は砂埃(すなぼこり)が立ちこめて，何も見
えなくなったと言う。砂埃がおさまると，周囲に見えてきたのは，
倒壊した家々とその下敷きになった人々だった。私と同世代の知
人の女性は，次のように話してくれた。

　　夫は職場に行って，私は家で掃除をしていました。子ども
　たちと一緒にいたのです。揺れが来て，外に逃げようと声を
　かけました。ドアを開けようとしたところで，家が壊れてき
　て，その下敷きになってしまったのです。息子は崩れた家の
　がれきに埋まってしまいました。息子の名前を呼んで，どこ
　にいるの？ と声をかけて，みんなで掘り出しました。姑は，
　棚から落ちてきた大きな容器に埋まってしまって，亡くなり
　ました。妹は腕と足の骨，弟は腕の骨が折れましたが，病院
　に行っても医者がいなかったので，3 日間治療を受けられま
　せんでした。病院には，足のない人，手のない人が治療を求
　めて来ていました。兄の子どもは，がれきに埋まって亡くな
　りました。7 日目にようやく掘り出したときにわかったので

すが，6日間は生きていたそうです。うちの家は王政の時代に建てられたものです。だから揺れでつぶれてしまったのです。どれだけ大きな音がしたか。怖かったです。どの家でも，1人や2人は亡くなりました。

　その後，私は日本において，インドに縁のある人々が始めたボランティア活動に参加することになった。被災地は手工芸で有名な地域だったので，手工芸の生産者を日本の複数の団体が支援することになった。私も現地の事情に詳しい専門家として，日本の学生や支援団体が行った展示会の手伝いをしたり，講演会を行ったりした。このようにして集まった募金を，現地NGOをとおして，生産者に届けることができた（金谷 2008）。

　1995年の阪神淡路大震災でめざましく増えた災害ボランティアは，すでにこのころ日本で定着していた。日本は自然災害が頻発する国のため，多くの人が被災者のいたみに共感をもち，何かしたいと思っていたのである。

　　　手仕事を介した支援　　　被災地には，救援とそれに続く復興のために，行政と協力するかたちで国内外の
NGOが200団体以上支援にはいった。インドでは，1970年代から農村開発援助の一環として手工芸を対象にした施策が充実していた。繊維産業は農業に次ぐ規模の産業であり，村落の資源を活用し地域に雇用をつくる産業とみなされていたため，行政とNGOの協働による支援が活発に行われていたのである。震災後の手工芸生産者への支援は，震災前からの支援体制が生かされたかたちで行われた。

　支援の対象になった手工芸の分野は多岐にわたる。そのなかで，

農村の女性被災者を対象にして，手仕事を活用した支援が行われた事例をとりあげる。グジャラート州では，女性たちは慣習として衣装や婚資に刺繍やアップリケを施してきた。NGO は，その技法を生かして商品化することで，女性の収入をつくろうとした。家庭内でできて，家事や育児と両立しやすい手仕事は，村落で受け入れられやすい仕事だったのである。

　この地方で，手仕事を用いた開発のモデルをつくったのは，非政府組織の SEWA である。SEWA とは，自営女性協会（Self Employed Women's Association）の略語である。この団体は，インフォーマルセクターで働く女性たちが組合を設立することで，労働条件や環境の向上をめざした。このような零細な仕事には，露天商や，葉たばこ巻きに加えて，刺繍などの手仕事があった。組織化することで，警察のいやがらせや商人の搾取から女性たちが自らを守れるようにしたのである（喜多村 2004：76-79）。

手仕事は生活を支える仕事になった

　SEWA が支援する手仕事生産者の 1 人にミナベンがいる。ミナベンは，グジャラート州の農村で夫や子どもたちと暮らす 30 代の女性である。彼女は SEWA が組織する生産者組合に参加して，刺繍商品をつくっている。インド西部地震のあと余震が続き，村人たちが恐怖と不安にかられていたなか，SEWA のスタッフが来てくれたという。彼女は次のように語ってくれた。

　　女性たちが集まって，SEWA に要求しました。刺繍の仕事をしたいと。刺繍だけがしたいと。男たちの仕事がなかったので，家族の生活は刺繍の仕事にかかっていました。もともと，この村では，干ばつで農業ができなかったので，夫に

は日雇いの仕事もありませんでした。自分の刺繍の仕事に家族の生活がかかっていました。もしも刺繍の仕事がなかったら，食べる物がなかったでしょう。刺繍があるので強くなりました。日雇いの仕事がなくなっても，毎日食べていけます。前は商人が刺繍を安く買い叩いていきました。SEWA が来てくれるようになって，刺繍商品の本当の市場価格がわかりました。

　インドの例で示したいのは，被災者支援として行われた手仕事の仕事が，生計を担うための生業になっているということである。干ばつが頻繁に発生する村では，農業の日雇いの仕事は安定した収入をもたらしてくれるものではないため，小さな生業を組み合わせて生計をたてている。手仕事は，生計を構成する仕事の 1 つになり，ときには家族全員がその収入に依存するほどの重要性をもっているのである。

　ミナベンが，手仕事で生計をたてることができていたのは，NGO の支援で生産者組合をつくったからだ。組合をつくる前は，女性の手仕事は業者によって安く買い叩かれていたのにもかかわらず，1 人では工賃値上げの交渉をすることが難しかった。また，自分たちの手仕事に高い価値が与えられる市場が存在するということを，知らされていなかったために，工賃の安さを受け入れていたということもある。

　女性の手仕事の工賃の安さについては，ジェンダーの観点から問題が指摘されてきた。インドの女性のレース編み職人を研究したマイズや，刺繍職人を研究したウィルキンソン－ウェーバーによると，女性たちは 1 日に 8 時間も編み物や刺繍に携わっているにもかかわらず，それが家庭内で行われていることから，女性が

家事のあいまの余暇時間に行うものであり，男性の仕事と同等でないとみなされ，低賃金であるという。そして，そのような女性の生産者は，賃金労働者であるという事実が隠蔽されるだけでなく，刺繍のような伝統工芸を支えながら「見えない」労働者になっているという（Mies 1982；Wilkinson-Weber 2004）。

　日本でも同様のことが論じられている。山崎明子によると，明治時代にはすでに手芸品は商品的価値をもち，手芸は生産労働として行われていた。しかし，手芸の理想的な状態はアマチュア仕事であり，家庭内に還元されることに意味があったとされたために，明らかに生産労働であったにもかかわらず，無償の労働であり再生産活動の一環として位置づけられてきた（山崎 2005: 287）。このような観念が，手芸の賃仕事を低賃金の労働に位置づけてきたといえる。刺繍や編み物，縫製といった仕事は，手芸の内包する家庭内のもの，趣味的なもの，女性が担い手であるという位置づけによって，工賃を低くおかれることになった。また，女性は家計の担い手ではなく補助的な収入が得られればよいのだという根強い通念も背景にあった。

　インドのSEWAの事例は，女性の手仕事の社会的位置づけを十分に認識して，それを乗り越えるような仕組みをつくることができ，手仕事が生業として成立可能だということを示しているのである。

　このインドでの調査の最中に，日本で大きな自然災害が発生する。被災地では，手仕事をもちいた被災地支援が数多く行われることになった。インドと日本で行われた支援を比べて，この現象が地続きのものだということを示したい。

2 日本が被災地になった

　ここでの自然災害は，2011年3月11日に発生した東日本大震災である。被災地域が広く，また地震，津波，原発事故の3つの異なる被害が引き起こされたことが特徴である。私は，その年の8月から，東北大学教員の李仁子さんと一緒に宮城県沿岸部の津波被災地に調査に入ることになった。

　その地域は，津波による被害が甚大で，多くの犠牲者をだした。北上川の河口付近に位置しており，津波は河口付近で高さ11メートルに達した。また，津波は川をさかのぼったために，海から離れた内陸の地区にまで被害をもたらした。私の通っていた1つの地区では死者が179人で，住民の4割近くが亡くなった。被災地全体のなかでも特に死亡率の高い地域であり，児童が多く亡くなった地域でもある（谷 2012）。

　また，仮設住宅建設までに時間がかかり，半年も避難所にとどまらざるをえない被災者がいた。高台移転や復興住宅建設にも時間がかかり，被災から8年たった2019年にようやく住民の復興住宅への入居が完了した。多くの被災者が，被災後の長い時間を仮の住まいで過ごしたのであった。

日本でも手仕事を介した支援がひろがった

被災地では，仮設住宅の集会所においてボランティアが入って，手仕事の活動が数多く行われた。制作されたものの多くは，糸や布を素材としてつかった編み物や縫い物であり，手芸的な制作物である。また，参加者の多くは女性であった。

そのような活動でつくられた手作り品のなかには，ボランティアをとおして被災地の外で販売されるものもあった。震災後の早い段階から，インターネット上に復興支援関連商品を販売する専用サイトがひらかれていた。また，全国で開催された被災地支援の催しや展示会でこれらの商品が販売されることもあった。私の住む京都でもこのような催しが行われ，そこで被災者の手作り品が販売された。被災地に仮設の商店街ができると，このような手作り品は土産物として販売されるようになった。ボランティアや被災地を支援するための被災地観光に来た人々にとって，このような手作り品を購入することが，被災者を支える方法の1つになったのである。

　宮城県は，これらの支援につながるようなものを「復興支援グッズ」と名づけて，生産者の支援を始めた。2012年5月に仙台市の商店街に，「宮城県ろっけんぱーく」という拠点ができ，「復興支援グッズ」をおいて販売促進を行うようになった。当時の担当者によると，被災者の多くは県の施策の情報にアクセスするのが難しかったため，担当者が仮設住宅をまわって手仕事を行っている生産者に会い，支援へとつなげていったという。また，事業化をめざす生産者に対して起業支援が行われた。「ろっけんぱーく」で支援した生産者グループは，のべ110グループ，商品数はのべ700にのぼっている（金谷 2020）。

仮設住宅の集会所で手仕事をする

では，どのような人たちが手仕事をもちいた支援をしたのだろうか。被災地から遠く離れた場所から支援に来た人もいたが，被災地の地元でも支援に向かう人々がいた。さとこさんは，そのような地元にある行政ボランティア組織の会長だった。

さとこさんの家は内陸にあり，家も新しかったので，幸いなことに大きな被害を受けることはなかったが，沿岸域の人たちが着の身着のままで，避難所に逃げてきていることを知った。さとこさんは，同じ行政区に住みながら自分は軽微な被害ですんだのに，津波ですべてを失った人たちがいるということに，居てもたってもいられなかったという。早く支援活動を始めたいと思い，行政からの指示を待たずにボランティア仲間に声をかけて50代から60代の女性たち10数人で手弁当で炊き出しを始めた。内陸は農家が多かったので，それぞれが備蓄していた米やみそを持ち寄り，おにぎりとみそ汁をつくったという。その1人，さとみさんは，夢中で支援して家に帰ると自分や家族が食べる米がなかった，と笑って話してくれた。しばらくして被災者は仮設住宅にうつった。さとこさんは，今度は，そこで被災者のために何ができるか考えて，手仕事を一緒にすることを思いついた。さとこさんたちは，今度も手弁当で手芸の材料を買って，1つの仮設住宅で月に1回ずつ，3カ所で手仕事の活動を始めた。そのうち，布の寄付があつまったり，援助をしてくれる団体が現れたりして，続けることができるようになった。活動は8カ月続いて終了した。

　さとこさんの主催する手仕事の集まりに通っていた1人に，ともこさんがいる。ともこさんは津波当時50代後半で，漁師の夫を手伝いながら，自分は農業をして暮らしていた。死者を多くだした地域で被災し，小学生の孫を亡くした。

　ともこさんは，「住んでいたところに田畑があったのに，仮設に来たら何もない。何にもすることがないから，何かやったほうがいいと思って，手仕事をするようになった」という。最初はお地蔵さんのマスコットをつくった。ともこさんの仮設住宅の自宅には，お孫さんの遺影のまわりに，たくさんの手作りのお地蔵さ

んのマスコットが飾ってあった。お地蔵さんは子どもの供養になるからといって，子どもや孫を亡くしたお宅では，仏壇や遺影の前にお地蔵さんを飾ることはよく見られた。それから，さとこさんの主催する手仕事の集まりに月に1度，通うようになった。

　それが終わるころ，手仕事が収入になるときいて，別のボランティアの主催する手仕事の講習に通うようになった。ともこさんが参加した手仕事の講習を主催していた団体は，手仕事で雇用創出をめざしており，そのために専門家を講師として被災地に派遣していた。ともこさんたちは，まず初級の講習を受け，さらに上級技術の講習を受けた。技術に習熟すると，ボランティア団体に商品を買い上げてもらえるようになった。

　材料を分けたり，技術を教えあったりする作業は，仮設住宅の集会所を借りて行った。共同作業の日は，ボランティア団体からスタッフが来てくれるので，お茶やお菓子を用意したりして，にぎやかに行われる。商品ができあがると検品され，商品として展示会やウェブ店舗で販売される。

　ともこさんたちは，仕事として物をつくるという厳しさに直面しながら，楽しみも見出していた。ボランティア団体は，彼女たちにSNSを使って連絡をとりあう方法を教えてくれた。それは，彼女たちにとっては初めての経験だった。集会所での作業が終わると，そのようすを写真入りでボランティア団体に送ったり，そのコメントを読んだりするのを楽しみにしていた。また，ともこさんたちの活動や手作り品は，テレビの地方局でたびたび紹介された。自分たちの仕事が人に褒められ注目されることは，誇らしいことであった。地域社会を超えて外の社会とつながり，そこで評価されることで自信をもち，しかも収入になっているという点が，手仕事を続ける動機になっているようであった。

宮城県の取り組みである「復興支援グッズ」には，仕事の創出をもとめる被災者を支援する仕組みもあった。支援の担当者は，手仕事を雇用に結びつける方法は，途上国において行われている開発援助を参考にしていると話してくれた。まさに，私がインドの被災地で観察してきたような手法が，日本の被災地で参考にされていたのである。それに私は驚いたのだが，実は驚くようなことではなかった。東日本大震災が発生してすぐ，特定非営利活動法人ジャパン・プラットフォームが支援に乗り出し，この法人と協働しながら海外で活動していた NGO，NPO が支援に加わった。そのために，海外での活動経験のあるメンバーが被災地にボランティアに入ることになったのである。

しかし，そのうちに私は，途上国支援をモデルにした支援方法と，設定されたゴールを日本の被災地にあてはめるのは適当なのだろうか，と疑問に思うようになった。

インドの被災地で観察した女性の手仕事支援は，被災者が援助に頼らず経済的に自立することを目的にしていた。もともと生業が不安定な世帯では，女性の手仕事が貴重な収入源となっていた。被災前から，行政や NGO が手仕事を収入に結びつけるための手段をつくり，市場とむすんでいたのである。被災後に突然始まったわけではなく，被災前からの長年の関係者の努力が実を結んだといえる。

日本とインドとの違いは，被災前に手仕事に取り組んでいたかどうかである。インドでは，もともと自分たちの衣装や婚資のために手仕事を行ってきた女性が，商品のためのものづくりに転換した。しかし，東日本大震災の被災者の場合，手仕事や手芸に従事していなかった人が，被災後にボランティアの勧めで始めたと

いうものが多かった。とはいうものの、日本において手仕事が収入になるという方途は、すでに存在していた。仕事としての手芸はすでに明治時代以来行われており（山崎 2005）、さらに、2010年代以降は、ウェブサイトにおける手芸商品の販売拡大によって、プロ・アマ問わず、手芸で収入を得る人の数は増えている。

被災地で手芸をしている女性たちの多くは、それまでインターネットを使ったことがなく、手芸の流行とは離れたところにいた。ともこさんたちも、被災後、ボランティア団体の講座に参加してはじめて、手作り品が商品になるということを知ったという。それで、お金になるならやってみようかと思ったそうだ。

手芸が商品になるという認識がひろがったこと、また、手芸制作者がたとえアマチュアであってもマーケットにアクセスできるようになったことが、被災地支援において手仕事による雇用創出をめざした支援が数多く行われたことの背景にある。それは、インドとは異なる社会的状況である。

3 経済的自立と支援の意味

ささやかな収入でも意味がある

ともこさんたちの参加していた活動は、手仕事で収入を得ることをめざしたもので、それはある程度成功しているといえる。しかし一方で、ともこさんたちが期待していたほどには、十分な収入を手仕事で得られているわけではない。彼女たちの1カ月の収入は、週に数日働いて2万円から4万円であり、それだけで生計をたてることはできない。私が、手仕事による雇用創出活動について学会発表したとき、ある研究者から「生計を担えない

手仕事は仕事とは言えず，趣味でしかないのではないか」という否定的なコメントをもらったことがある。

　雇用創出をうたいながら，実際にはその目標とみなされる収入に到達していないことで，この種の活動は批判されがちである。特に活動が女性による手芸にかかわっているものなので，軽視されやすい。前述したとおり，ジェンダー役割にむすびついた手芸の低い社会的価値づけがあるために，この仕事だけで生計を担えるような十分な収入を得ることは非常に難しい。手芸の社会的位置づけを考慮すると，途上国における開発と同じ手法をもちいて，被災者の経済的自立をめざしたことは，達成の難しいゴールを設定してしまったと言わざるをえない（金谷 2020）。

　しかし一方で，ささやかであっても収入を得る手段を確保することは，被災者にとっては重要である。ともこさんは，家業である漁業や農業を担って，家計収入を支えてきた。ともこさんたちは高齢であり，また自身の疾病や家族の介護をかかえており，手仕事よりも高収入を見込める水産加工業やスーパーのパートの職に就くことが難しい。そのような女性たちにとって，自宅でできる仕事は収入確保の選択肢として貴重である。彼女たちにとって，仕事をして収入を得るということは，日々の生活の励みであり，支援団体から工賃が振り込まれる銀行口座の通帳は誇りである。ともこさんは，家族が見られるように，わざと食卓の上に自分の通帳を置いておくのだそうだ。通帳を見た夫が，「けっこう稼いでるんだな」と言ってくれるのだと嬉しそうに話してくれた。

手仕事によって，辛い時をやりすごすことができた

経済的自立とよばれるものは，世帯を十分に担えるような，雇用労働に相当するような収入を得られるものを指している

と考えられる。みつこさんは，雇用創出をうたった活動に参加しながら，その目標を達成できなかった例であるが，みつこさん自身は活動に参加したことをよかったと考えている。みつこさんの事例を紹介したい。

　みつこさんは，手仕事の活動を振りかえって，「私は収入よりも，夢中になっているといくらかでも経験したことを忘れられた」と述べている。みつこさんの体験を聞いたのは津波から9年後のことでもあり，淡々と話してくれたのだが，その内実は壮絶なものであった。

　みつこさんは，死者を多く出した地域で地震と津波に遭遇して，隣人や知人を多数失っている。みつこさんは，地震発生時，職場にいた。「尋常じゃない，今まであじわったことのないような揺れ」がおさまると，皆と一緒に地震のせいで散乱したものを片づけはじめた。すぐに停電になってしまったので，社長が今日はこれで終業にして，片づけは明日やりましょうと言って，みな帰宅することになった。みつこさんは車で自宅に戻ることにした。職場は内陸にあり，自宅は沿岸部にあったのだが，自宅の近くには山があるので津波がきたら山に逃げようと思った。自宅のある地区では，津波の避難訓練も行われていたので，地震のあとすぐに津波のことが頭にあったのだ。

　近所に住む同僚と一緒に，会社の駐車場に停めていた車にむかったが，余震がきてはおさまりして，なかなか車に乗って出発できなかった。同僚と話し合った結果，やはり家に帰りたいということで，それぞれの車で自宅のある地区に戻った。途中，湾になっているところの橋が落ちかけていたが，重機を使って車が通れるように応急処置をしてくれた人がいて，渡れるようになった。沿岸部からの避難指示を無視して自宅に戻り，すぐに自宅近くの

山に上った。それで助かった。

　同じように山に逃げて助かった人たちと一緒に，その後3日間を山中で過ごした。3月なのに雪が降り，とても寒くて，燃やせるものを集めて焚火をして過ごした。電話が通じないので集落の被害がどのくらいなのか，家族は無事なのかもわからなかったという。同じように山で過ごした人は，一晩中，助けを求める声が海のほうから聞こえたとか，家々が壊れる大きな音が鳴り響いていたと話してくれた。また，せっかく山に逃げたのに，寒さのせいで亡くなる人もいた。3日目に自衛隊のヘリコプターが救助に来てくれた。

　みつこさんの自宅も職場も津波に流されてしまった。内陸に位置していた職場とその周辺は，川をさかのぼった津波に襲われて，同僚の多くが亡くなった。沿岸の自宅にもどるという，とっさの判断がみつこさんの命を救った。「今になってみると，よくその判断したなと思いますね」という。

　みつこさんは，手仕事が収入になると知人に声をかけられて，活動に参加した。東京のボランティア講師が定期的に通ってきてくれて，技術を教えてくれた。難しいことができるようになり，作品ができると楽しかった。また，お昼ご飯をもちよって，仲間と一緒に食べたりした時間も楽しかったという。みつこさんにとっては，「夢中になっていると，いくらかでも経験したことを忘れられる」ものであった。

　私はこの研究を始めたころ，手仕事の活動に参加した被災者は，手仕事が好きで来ているのだと考えていた。しかし，実際には，特に手仕事が好きというわけではなく，また趣味にしているというわけでもないという人が多かった。そこで，どうして参加したのですか，とたずねると，「ほかにすることがないから」，もしく

は「暇つぶし」であるという答えがしばしば返ってきた。

　「暇つぶし」という言葉は通常，否定的な意味をもって受け止められる。私も最初，インタビューした女性から，この言葉が発せられたとき，少なからずショックを受けた。しかし，もっと話をしていくなかで，私はこの「暇つぶし」としての手仕事の機能を積極的に評価すべきだと考えるようになった。

　仮設住宅に暮らす人々のなかには，突然やることがなくなってしまった人がいる。この地域の女性たちは，農業や漁業などの家業を担っており，大家族での生活をとりまわすための膨大な家事や，孫の世話を中心になって行っていた人も多い。被災後には，狭い仮設住宅のために家事は少なくなり，用事がほとんどなく，ただ日々をすごすだけであるのは辛いことであったという。

　多くの住民を失い，高台移転の計画が遅々として進まないなか，将来の展望が見えづらい被災者にとって，「暇つぶし」の手芸は現実のつらさに直面せずに受け流すための，貴重な機会だった。突然行くべき場所を失ったり，やるべきことを失ったりした被災者にとって「今日，行くところとやることがある」状態をうみだした点で意義があったのである。ある被災者は，「手を動かしているときには，いろんなことを忘れていられるから。1人で部屋にいると，いろいろ思い出すから」と語ってくれた。

　地元のボランティアのさとこさんは，手仕事の活動をするときに，「被災者の癒やしになるように」と願っていたという。癒やしという言葉は，被災地に関する報道で頻繁に使われるせいで，被災地の状況を安易に表現する言葉のように思えて，研究者として私自身は，あまり使いたくないと思っていた。さとこさんの口からその言葉がでたときに，申し訳ないが，またその言葉か，という思いをもってしまった。しかし，手仕事に携わった被災者自

身に，何度もお話をうかがっていくなかで，さとこさんの願っていた「癒やし」とは，被災者が無為の時間をつぶし，辛い時をやりすごすための時間をもつことだったのだ，と腑に落ちたのである。そして，さとこさんのめざしていた被災者の「癒やし」は，手仕事によってかなえられたのだと思った。

　結果的に雇用創出にはつながらなかったとしても，手仕事を介した支援は意義があったと確信したし，生計を担えるほどの収入が達成できなかったからといって，その活動を軽んじるべきではない。

　東日本大震災被災地でも，インドと同様に，女性の手仕事をめぐる社会的課題を乗り越えるような仕組みをつくり，手仕事で雇用創出を実現している活動もある。作り手に十分な工賃が担保できるように，手仕事の商品価格を高額に設定し，高額であっても客が買いたくなるような体験型消費に結びつけている活動がある。また，手作り品を販売するのではなく，手仕事の素材や制作キットを販売するというビジネスにつなげた活動もある。そのような被災地でのさまざまな試みが，今後どのような実を結ぶのかを注視したい。このような試みは，日本だけでなく，インドの被災地においても手仕事を生かした生業の展望を明るくしてくれるだろうと期待している。

ブックガイド

竹沢尚一郎『被災後を生きる──吉里吉里・大槌・釜石奮闘記』中央公論新社，2013 年
　●東日本大震災の被災地に身を置き，被災者と対話をしながら描いた，避難からまちづくりまでの記録。ルポルタージュでも客観的な

記述でもない人類学的な記述の可能性を示している。

清水展『噴火のこだま──ピナトゥボ・アエタの被災と新生をめぐる
文化・開発・NGO』九州大学出版会，2003 年
　●火山噴火を生き延び，海外支援を受けて，民族としての自己意識
　とエンパワーメントを獲得したアエタ民族の物語を，支援にかかわ
　った人類学者の視点から描いた民族誌。

スザンナ・M・ホフマン＆アンソニー・オリヴァー＝スミス編『災害
の人類学──カタストロフィと文化』（若林佳史訳）明石書店，
2006 年
　●アメリカの代表的な災害人類学の研究者による論集。災害の文化
　人類学的研究の論点が広く展開されている。

第3章　う　つ

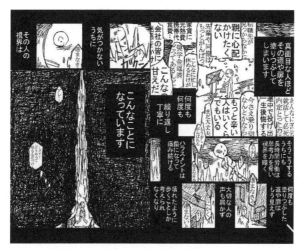

（「死ぬくらいなら会社辞めれば」ができない理由（ワケ）／汐街コナ
著／ゆうきゆう　監／あさ出版）

　　うつ病が世界的に流行するなか，人々は「心の病」を意識し，生
きづらさについて考えるようになってきている。インターネットで
のうつ病診断や，職場でのストレスチェックなど，心を振り返るた
めの技術も発展しつつある。では，一般の人々が自分を，精神医学
的に観察するようになるとき，何が起こるのだろうか。急速に私た
ちの人生に入り込んできた精神医学の言語は，どのようなアイデン
ティティを生み出すのだろうか。本章では，人々が自ら心と脳の健
康を観察し，改善しようとする動きを「新健康主義」と名づけ，は
たしてそれが救いをもたらすのか，それともさらなる生きづらさを
生み出すのかを問う。

1 新健康主義：心のスクリーニング

　誰もが心の病になりうる——将来を約束されたエリートであろうと，みながうらやむ社会の成功者であろうと。この事実は，日本でもここ20年ほどで一気に知られるようになった。そうした認識の変化をもたらした出来事の1つは，2015年にわずか24歳の若さで亡くなった，高橋まつりさんの自殺だった。

　高橋さんは母子家庭で育ち，経済的負担をかけないようにと現役で東大に合格した才媛だった。電通入社後の一連のツイートからは，彼女の鋭い分析力や，状況を俯瞰的に見ることのできる知性が伝わってくる。深夜残業・週末出勤が続くような状況でも，「くそー。鮭の産卵のように会社に向かってるぞ？」とつぶやき，「二徹して作った自作の資料が全くダメだと言われたのだけれど，直してみて良かったらクライアントへ持っていこうということになり，休日出勤も厭わないやる気が出てきた私は社畜の才能が有り余ってる」と自虐を笑いに昇華している。しかし，過重労働が続くなかで，彼女は徐々にその余裕を失っていく。「死因：愛のある指導」とツイートした約2カ月後のクリスマス当日，彼女はついに社員寮の4階から身を投げてしまう。

　日本では，このような自殺は少し前まで「覚悟の自殺」として，個人の自由意志で行われたかのように扱われがちだった。しかし，高橋さんのように数々の苦難を乗り越えた，理知的な人であっても，過労からうつになり，魔が差したかのように死を選んでしまうことがある。睡眠不足と精神的疲労が続くと，「死ぬくらいなら会社を辞めればいい」とは考えられず，死以外に選択肢がない

ように思い込む「心理的視野狭窄（きょうさく）」に陥ってしまうのだ。

　日常の苦悩が，ある種の「狂い」にまで発展する例は実は少なくない。うつ病の世界的な「流行」がその身近な例であろう。私は1997年に，北米と日本の精神医療での人類学的フィールドワークを開始したが，欧米で流行し始めていたこの病は，日本では未だ稀にしかみられなかった。ところが長い不況を経て，史上最高の自殺率が続く状況下，日本でも国民病といわれるほど一般的な病へと変貌した。20世紀を通じて他人事とみなされていた精神障害は，21世紀の転換期にうつ病を通じて一気に自分事になった感がある（北中 2014）。

　その結果，人々が身体の健康を意識し，常に向上させようとする「健康主義」に加えて，現在は新たに，心や脳の健康を常に観察し，改善すらもめざす「新健康主義」とでも呼べる動きが広がりつつある。たとえば，高橋さんが亡くなった2015年以降，日本全国で労働者のストレスチェックが実施されることで，人々はより意識的に心の健康を振り返るようになっている。インターネットには精神障害のセルフ・チェックが溢れ，コンピュータのマウスをクリックするたびにストレスレベルを測り，労働者の精神的健康を監視する企業の試みも始まっている。さらに生来の脳神経科学的差異が指摘される「発達障害」や，老いによって心身に異変が生じる「認知症」を対象とした早期発見の動きも高まりつつある。神経心理学的検査や脳MRIを通じて，身体のみならず心の状態までもが数値化されるなかで，新健康主義は，自己を振り返るための新たな文法を生み出しているかのようだ。

　本章では，このような新健康主義がはたして人々に救いをもたらすのか，それともさらなる生きづらさを与えるのかを問う。まず，近代以前に人々が心の病をどうとらえたのか，病の説明モデ

ルである「災厄論」を紹介する。次に，近代以降に医学的災厄論が心の病を「精神障害」ととらえ直したことで，何が変化したのかを，日本におけるうつ病の事例を中軸として論じる。そして，新たな心の監視ネットワークが生まれ，さらには脳の健康への関心が高まりつつある現在，どのような社会が生まれつつあるのかを考える。

2 心の病はどうとらえられてきたか

伝統的災厄論　精神医学は，現代における病の説明モデル，もしくは人類学でいうところの災厄論を提供する。災厄論とは，なぜ苦しみや災いが生じ，なぜ人は不条理に耐えなければいけないのかを理解するための枠組みを与えるものだ。前近代の災厄論を担っていたのは宗教だった。仏教が現世とは苦しみであることを説くことで救いをもたらしたように，宗教は主に苦しみと共存する道を模索してきた。それに対して，近代的災厄論である医学は苦しみそのものの撲滅をめざす。従来人生の自然な一部，もしくは道徳的課題とされてきた多くの現象に関しても，それを「疾患」ととらえることで，新たな救済を試みてきたのだ。このプロセスは「医療化（medicalization）」と呼ばれ，その対象は，性や出産・老い・死といったライフサイクルの広範な現象に及んでいる。医療化は，さまざまな治癒をもたらし，平均寿命をのばし，人々の生活をずいぶんと楽なものにした。他方，医療が容易に治せない問題すらも囲い込むことで，逆に新たな苦しみが生み出されてしまったことも懸念されている。その代表的な例が「狂い」をめぐる現象だ。

狂いは時代・地域を超えて普遍的に見られるが，その意味はきわめて多義的だ。西洋においては古代ギリシア時代から，うつ病や双極性障害の古い名称である「メランコリア」が知られていたが，これは精神を異なる次元へと飛翔させる「天才の病」としてもとらえられていた。キリスト教の文脈では，狂気がはたして神の啓示なのか，それとも悪魔憑きなのかをめぐって長い論争がみられた。

　前近代の日本においては，狂いはしばしば「憑き物」によって生じているとみなされた。たとえば『源氏物語』で葵上を苦しめるのは，六条御息所の「生霊」であったし，江戸時代の代官を悩ませた武士や町民の突然の乱心・錯乱は，「狐憑き」と説明された。つまり狂いとは外からやってきて，人にとりつくものであったのだ。錯乱妄想状態にある人々を治すために祈禱師が呼ばれ，周囲の人々が一丸となって憑き物を追い出そうと祈ることも少なくなかった。ここで重要なのは，狂いはあくまでも一時的な現象とされ，憑き物が去った後には，正常な成員として，共同体に復帰できたということだ。このように狂いを外在化させ，不可抗力とみなす伝統的災厄論は，狂いとの共存をより容易にした可能性がある。

　他方で，狂気を医療の対象として，心身の不調や環境・周囲との相互作用によって生じる「病」とみなす視点も徐々に発展したようだ。近代以前の西洋でメランコリアの原因が体液のバランスの崩れとして扱われたように，日本の伝統医療のテキストでも，現代ならばうつ病と呼ばれるような症状は，「気鬱の病（鬱証）」として説明された。気とは，伝統医療では天地宇宙のみならず人体を満たす生命エネルギーであり，たとえ目に見えずとも，天地の気が風となって肌で感じられるように，人体の気も，気息とし

て体外に出る瞬間にその実体を感じとることができると考えられていた。気は食生活や住環境でも変化したが，心の動きとも密接に結びついていた。激しい感情を長く経験すると，体内の気が留滞して身体の鬱（停滞状態）を引き起こし，それが心の鬱をもたらすと考えられていたのだ。

　不思議なことに，気の伝統的・物理的な意味を保持してきた中国とは対照的に，日本での気はいつの間にか単なる心理的な現象へと変容してしまったようだ。現在，私たちが「それは気のせい」というとき，もはやそれは実体のない「心」を表す，比喩的な表現にすぎない。それでも，仕事で気を遣い，気働きしすぎると気疲れする。このような気の病は江戸時代の文学にもしばしば登場し，当時の人々にとって，心身の変調を表す，なじみ深い説明モデルとして機能していたようだ。気とは日常的な気鬱から，非日常的な気狂いまで幅広い心身の異常を理解するための，重要な「苦悩の慣用表現」でもあったといえる。よって，気を十分に養生し，心身の調和を取り戻せば，狂いからも脱することができると考えられていたようだ。

20世紀の日本におけるうつ病

「気の病」は，近代医学が導入された明治以降，バイオロジカルな精神医学の影響下で徐々に「神経の病」として読み替えられていった。特に神経衰弱は，当時近代化の重圧と戦うエリートが陥る病として日本でも大流行を見せた。まるで，1世紀後のうつ病の台頭を先取りするかのようなこの神経衰弱の流行は，当時もグローバルなものだった。夏目漱石が有名な「現代日本の開花」講演で，外圧としての近代化を無理に推し進めると日本人もみな神経衰弱に陥ってしまうと警告したように，神経衰弱とは

まさに，近代が産み出した「過労の病」だった。当時の自殺の大流行は，近代化による社会的重圧と疎外が，個人の心に集合的に働いた帰結であるとしても考えられていたのだ。

　ただし，このように近代初期には自分の問題としてみなされるだけの余地を残していた狂いは，脳病／精神病として徐々にスティグマ化され，社会から周縁化されてしまう。実は，現在日本に残っている精神障害への偏見は，この時期につくられたものが少なくない。今では完全に誤っていることが判明している，当時の科学的定説により，精神病者はまるで，遺伝的に運命づけられ，危険で，回復不能な存在であるかのような誤解が一般に広まってしまったのだ。さらに，戦後には精神病院の建設ラッシュが続き，生きづらさを抱えながらも地域で暮らせていた人々の多くも入院させられ，その後何十年も施設で過ごすという不幸な経過をたどった。精神障害者が危険視されるなかで，うつ病も他人にはとてもいえない病気となってしまった。

　他方で日本では特に，うつ状態がうつ病へと発展しない例が多かった可能性も示唆されている。1983 年に報告された WHO（世界保健機関）によるうつ病の国際比較調査では，日本はうつ病の有病率が低く，しかも女性よりも男性の有病率がわずかに高いという珍しい国でもあった。このことに着目した医療人類学者マーガレット・ロックは 1980 年代に当時の昭和 1 桁世代の女性たちを対象に疫学調査をしている。彼女たちが生きていたのは，日々家族に仕え，朝から晩まで働きづくめで，北米から見るとかなり過酷な状況であった。それにもかかわらず，日本女性が抑うつ症状を示す率は，北米女性と比べると有意に低かった。この謎を解くために，ロックはさらにインタビュー調査を行い，女性たちが「自分は，（戦争を生き抜いた）母親に比べてなんて恵まれているん

だろう」と繰り返し語ったことに注目している。つまり，ここで重要なのは，過酷な社会環境やストレスがあるからといって，それがすぐにうつ病につながるわけではない，という事実だ。たとえ日々辛くとも，「自分だけではない」「みな大変なんだ」と感じるとき，人々は自然とうつから自らを守るような解釈枠組みを育んでいくのかもしれない（ロック 2005）。

　つまり，うつ病の発症においては，ストレス→うつ病という直線的な因果関係ではなく，ストレス→ストレスの（意味）解釈→うつ病という，意味の問題を考えなくてはいけない。苦労やストレスとは，きわめて相対的・主観的・文化的なものでもあるからだ。上司に叱責されても，それをチャレンジと前向きに受け取るか，落ち込むかは人によって異なるだろうし，同じ人でも体調によって日々受け取り方も変わってくる。失敗の意味がその集団でどれほど重く受け止められているのかによるし，周囲からどれほど温かい目で見守られているかによっても違ってくる。20世紀の高度経済成長期に，過酷な労働状況にさらされていた人々が，必ずしもうつ病に陥らなかったのは，自らの苦労がやがては報われるとの「希望」があったからだといわれている。それに対して，長期不況が続き，国の将来さえも不安定な現在，人々の間でそれが「徒労感」へと変容していることが指摘されている。特に富裕層と貧困層の格差が拡大し，どんなに働いても楽にならないと感じる人が多く存在する現在の日本で，うつ病が急増していることも驚くべきではないのかもしれない。

バイオロジカルな災厄論：グローバル化する21世紀のうつ病

うつの災厄論が世界的に変わり，一気に医療化されたのが，21世紀の転換期だった。第1に，アメリカ精神医学会の診

断マニュアル DSM-Ⅲ（1980）において，うつ病の概念が拡大した。以前ならば病と考えられなかった抑うつ気分も含める広い現象が「うつ病」とされることで，大規模な「日常の苦悩の医療化」が進行した。

　第2に，新概念をさらに広めたきっかけは，1990年代以降の，新世代抗うつ薬の台頭だった。これは当時，うつ病に効くだけでなく，性格をも明るくする幸せの薬として世界中で大ブームを引き起こした。うつ病を患っていない人たちまでが，より生産的・創造的な自分へと自己を向上できる「エンハンスメント・テクノロジー」としてもてはやしたのだ。当時北米の大学では，試験に打ち勝つために（副作用があるにもかかわらず）向精神薬を服用する学生の数が一気に増えたといわれている。うつ病は脳疾患であり，脳内の神経伝達物質に働きかけることで治療できるという希望に加え，薬のテクノロジーを用いれば，自己はいくらでも改善できるとの誤った楽観主義もが，世界中に広まってしまったのもこの時期だ。

　第3に，世界銀行とWHO（世界保健機関）の主導下，DALYs（Disability Adjusted Life Years）という指標がつくられることで，精神障害が人々の人生にもたらす損害が，経済的生産力の損失として数値化された。メンタルヘルスが経済問題となることで，グローバル・リーダーたちがこれを国際的競争力の問題としても真剣に受け取り始めたとまでいわれている。特に初期には，脳神経科学やゲノム研究の発展によって，精神障害の問題も一気に解決し，貧困や差別をめぐる社会的苦悩すらバイオロジカルに解決できるのではとの声さえ聞かれた。

　近代に世界を席巻した西洋医学は，生物学をその基盤に置く医療として「生物医学（biomedicine）」とも呼ばれる。その特徴は，

苦悩の原因を個人体内のバイオロジーに見出すことにある。生物医学は特に，個人が責められがちだった精神障害には，救いとなりそうに思える。たとえば，うつ病を経験する人の絶望や希死念慮が，すべて脳の神経伝達物質の作用にすぎないとしたらどうだろう。足を骨折した人に頑張って走れといわないように，うつ病を患っている人に，気力で治せということはできない。彼らは病人なのであり，それは意志の力でどうにかなるものではないからだ。むしろ，仕事や社会的義務から免除されて，医師の指導のもと治療に専念し，回復して社会に復帰する「病人役割」こそが求められる。よって，バイオロジカルな災厄論は，人々を病のみならず，病に付与される過剰な道徳的意味から救ってきたともいえる。

　ただし，バイオロジカルな災厄論は，治療法がすでにある疾患にはすばらしい効果をもたらすものの，原因も未解明で容易に治せない疾患には逆効果ともなりかねない。第1に，重篤化や再発を繰り返す人は，半永久的に患者の地位に留められる。第2に，精神障害の場合，人格を司る脳に異常があるとされることで，偏見のまなざしを向けられかねない。第3に，精神科ではどこからが正常でどこからが異常なのか，時に判断が難しい。そのため，たとえば失恋や最愛の人を亡くした喪失の悲哀までが「うつ病」とされ，（売る側にとっては巨大な利益をもたらす）薬物的解決が容易に推奨されてしまう。第4に，個人の生きづらさが，貧困や差別を含む劣悪な環境によって生み出されている場合にも，精神障害と診断されることで，社会問題が隠蔽されかねない。たとえば，いじめられ，差別され，打ちのめされている人に対し，「あなたの脳の問題だから，薬で解決しなさい」という風潮が生まれたらどうだろう。社会の不正義に悩み，怒る人が「暗いやつ，病気」とされ，前向きで明るい人だけが「健康」とされるとしたら，そ

れは人間存在の根底にあるものの否定にもつながらないだろうか。

　このように，うつ病を脳の病としてとらえ，個人の問題へと還元してしまうバイオロジカルな災厄論には，救いの可能性とともに，明らかな限界もあるのだ。

日本のうつ病

1990年代当時，私は北米で勉強していたが，精神科臨床現場のみならず，ニューヨーク・タイムズなどの一般紙では抗うつ薬の売り上げが記録的に伸びていることをとりあげて，世界中がアメリカ化していると論じる者が少なくなかった。はたしてそうなのか。評論家の議論を横目に，実際に医療化が進行している現場に入って，そこで何が起こっているのかを確かめるのが医療人類学者の役目である。このような北米での論争を受けて，私たち医療人類学者は，1990年代後半から，インド，スリランカ，イラン，中国，日本といった，従来うつ病がほとんど問題にされていなかった地域で調査を始めた。私たちの関心は，なぜ，こういった地域でもうつの医療化が急速に進んでいるのか，また，はたしてそこでも，バイオロジカルな災厄論がもたらす個人還元主義が起こっているのかということにあった。

　結論からいってしまうと，日本で急にうつの流行が見られたのは，決してバイオロジカルな個人還元主義の広まりを示すものではなかった。むしろそこには新たにバイオソーシャルな災厄論が生まれており，社会救済としての医療化が可能となっているところが特徴的でもあった。

　その契機となったのが「第一次電通事件」だ。高橋さんと同じく電通の若手社員が，1990年代に過重労働からうつを患い，自殺してしまった事件だ。2000年に最高裁が，この自殺を過労う

つ病によるものとして認めたことで，うつ病は一気にストレスの病として知られるようになった。1999 年には政府も「職場における心理的負荷評価法」を作成し，精神障害に対する労災を，以前よりもはるかに受けやすくするように制度を変更した。従来は個人の遺伝や性格の問題として，切り捨てられがちであった精神障害が，ここで過重なストレスがかかれば誰でも陥りうる，きわめて「社会的な病」へと変容したのだ。

　ただし，社会の責任に比重を置いた災厄論は，その単純さゆえにか，2000 年代中ごろから綻（ほころ）びをも見せ始める。新たなうつ病概念がメディアを通じて一般の人々にも急速に広がり，今まで精神科医が出会わなかったような広い範囲の人たちが，自らうつ病であると信じて診断を求めてきた。突然大量の患者が現れ，さまざまな症状を訴える人々に対しても，一律的にうつ病診断が出されることで，うつ病はいっそう多彩で複雑な現象に変わっていった。こういった多彩な患者に対して，医師は，もともと狭義のうつ病，よりバイオロジカルなうつ病を対象にしてつくられた治療法で対処し続けたが，その結果，抗うつ薬治療だとなかなかよくならず，むしろ悪化する人たちの数も急増した。この一連の過程で，うつ病の現象そのものや，概念自体も徐々に変化していったのだ。

　うつ病は多くの精神障害がそうであるように，しばしば短期間で簡単によくなるというわけにはいかず，また時にその人の性格や生き方，周囲との関係性と密に絡み合って長期化することもある。そういった複雑な病が「ストレスの病」としてあまりにも単純化されたがために，一見環境からのストレスがなくなっても容易にうつ病から抜け出せない人に対して，世間のまなざしは厳しくなっていった。その結果，彼らの「未熟な」性格が責められ，

「新型うつ病」のラベルが貼られるなど，新たな排除の構造が生まれてしまったのだ。

　それでも，うつ病の社会的意味は大きかった。これまで１人で悩み，自分を責めていた人たちが，自分の苦しみに気づき始めたからだ。社会人だけではない。学生も飲食店などでアルバイトをする際に，理不尽な要求をする客や暴言を吐く上司に対しても，笑顔で接さざるをえないという状況に直面することが少なくないだろう。モラハラ家族をもつ人々も同じ状況かもしれない。自分の本当の気持ちを抑えて，感情を管理し続けると，心が疲れてしまう。さらには怒りや傷つきを隠して，笑顔の自分を演じ続けていると，本当の自分がどこにいるかもわからなくなってしまう。

　精神科治療法の１つである精神療法では，精神障害を心が身体に起こした反乱としてとらえる。生きづらさを隠し，親や周囲の期待に必死に応えようとする人々は，しばしば心の病に陥る。「こうあるべき」という理想的自己に縛られるあまり，「自分は本当ならこうしたい」という心の声を無視し続けることで，体までもが悲鳴をあげてしまうからだ。かつての気鬱の身体が教えてくれたように，心と体は密接につながっている。現代の感情労働による心の疲労を，日本のバイオソーシャルなうつ病概念はうまく掬いあげた。２つの電通事件後，働き方改革が推進されたように，日本人はやっと，自分や他者の生きづらさに耳を傾け，社会自体を変えようと動き始めているのかもしれない。

3 心と脳の監視社会？

　ただし，ライフサイクルの（精神）医療化が全般に拡大しつつ

あるなかで，過剰なまでに心や脳の健康へ関心を向けることは，逆に不健康をもたらさないかとの懸念も生まれている。

身体の健康に気を配る健康主義が台頭したのは，医療批判が世界的に高まった 1970 年代にさかのぼる。人々が医療専門家への依存を問題視し，むしろ運動や食生活を改善させ，自然食品にまで向かっていくことで健康をめざしたこの運動は当初，その医療に対する批判的なスタンスから，医療の限界に対する健全な懐疑と，市民による草の根の抵抗運動ともみなされた。ところが，この現象を詳細に検証した社会科学者たちは，健康主義の陥穽（かんせい）について警鐘を鳴らし始める。ロバート・クロフォード（Crawford 2006）らは，空前のフィットネス・ブームに沸く当時のアメリカで，体重を減らし筋肉をつけ，もしくは自然食品やサプリメントを摂取し，健康になろうとする人々が，いったい何に駆り立てられているのかを問うている。そして人々の多くが，社会での無力感や家庭での欠乏感を抱き，その不安から目を逸らすかのように個々の身体鍛錬と健康増進に邁進していたことに着目している。彼らは，マックス・ウェーバーが論じた，資本の蓄積をあの世での救済の証として，勤労に励んだプロテスタントのようであったのだ。

富の蓄積が身体の改善へと置き換わったのが健康主義と考えられるだろう。そしてその延長線上にあるのが，健康主義下のフィットネス・ブームと並行して起こったダイエット・ブーム，その帰結としての摂食障害の流行かもしれない。女性学の学者たちは，女性解放運動後，主体的に生きる女性こそが祝福されるなかで，なぜ摂食障害が世界的に急増しているのかを問うてきた。ナオミ・ウルフ（ウルフ 1994）はアメリカ社会において，いかに女性が自分の身体に関して，常に自信のない状態でいるように教えら

れているか，欠点がないか自己を微細にモニターするように促されているかを問題にしている。意識の高い女性は，「自分が自分でなりたい体」をめざして，体重を減らし，美を磨いていく。その過程で，身体をコントロールさえできれば，人生がすべてうまくいくような魔術的思考に囚われるようになっていく。

　美は単なる外見の問題を超えた，心の問題へと変わることで，手っとり早い自己肯定装置へと変わるが，そこで得られた自己肯定感はあまりにも脆い。なぜなら，ここでの美とは，その時代の流行と他人の評価に依拠した空虚で儚いものにすぎないからだ。実際痩せてみても，それほど自信が高まったり，人間関係がバラ色になったり，社会的地位が向上するわけでは必ずしもない。にもかかわらず，さらなる美と健康を求める彼女らの欲望は，拡張を続ける健康産業の影響下ますます肥大化し，終わりのない消費のサイクルへと入っていく。よりよい自己を手に入れ，より幸福な人生を送るためのものであったはずの美や健康も，もはやそれ自体が自己目的化していってしまう。日々，数値の管理に追われることで，人々は際限ない不安と強迫的欲望の輪に絡め取られていってしまうかのようだ。摂食障害も含めた精神障害とは，社会の矛盾が個人に投影されたものともいわれる。たしかにそれは，あまりにも従順に，文化規範を内面化してしまった人々の心身の，沈黙の抵抗なのかもしれない。

　心と脳の健康への気づきをもたらすための新健康主義の下で，人々はこのような健康主義の呪縛から逃れることができるのだろうか。世界的にも，マウスをクリックする度にストレス度合いが測られ，SNS のつぶやきをもとに，精神障害リスクを測定し，自殺予防的に介入する試みが始まっている。精神障害の早期発見・早期介入・予防が謳われるなか，うつ病だけでなく，発達障

害，認知症とその医療化の対象は拡大する一方である。ただし，ある程度の客観的な指標が立てやすい身体とは異なり，心と脳に関しては，その所有者ですらも，健康の度合いを実感し，自己制御感を獲得することは難しい。そもそもどういった心が，脳が，「健康」なのかの基準も曖昧であり，精神的に健康でなければいけないという強迫観念自体が，逆に不安障害やうつ病といった不健康を生み出しかねない。これさえ行えば病いから逃れられるという確約がないなかでの予防への努力は，盲目的信仰の領域へと限りなく近づく。

　社会変革の原動力となったうつ病論を手にした日本においても，心の監視が浸透し始めている。心を常に観察するテクノロジーははたして，抑圧的な監視社会を生み出すだろうか。それとも真に配慮的な社会をつくる基盤となっていくだろうか。日本のうつ病論が生み出したバイオソーシャルな災厄論がもたらすものの真価が今後問われていくだろう。

注

　本章は拙書（北中 2014）に基づいており，新たなリサーチは科研費 19K01205 の助成を受けている。きわめて有益なコメントをいただいた編者の先生方と，慶應義塾大学社会学研究科，狩野祐人氏・小林尚矢氏に心からの感謝を申し上げる。

 ブックガイド

ヴィクトール・フランクル『夜と霧──ドイツ強制収容所の体験記録』（霜山徳爾訳）みすず書房，1985 年
　●ナチス強制収容所を体験した精神科医が，極限状態にある人々の心を描き出す。不条理な状況に置かれたとき，はたして人は何を思い，どのように行動することができるのか……深く考えさせられる

一冊。

中山元『フーコー入門』ちくま新書，1996 年
　　●社会科学にも多大な影響を与えた哲学者フーコーの思想を明快に
　解説。彼の性的少数者としての生きづらさが，いかに社会への鋭い
　洞察を生み出し，さらには社会を変革する力へとつながっていった
　のかが理解できる。

中井久夫『治療文化論──精神医学的再構築の試み』岩波現代文庫，
　2001 年
　　●魔女裁判や狼憑き，妖精が見える少女，新宗教創始者の創造の病
　……心の病は常に，その土地の文化や歴史と密接に結びついている。
　精神医学を文化の視点から解き明かした名著。

第4章 感染症

（時事通信フォト提供）

　　かつて人類の深刻な脅威と考えられていた天然痘は，1980年までに地球上から根絶されている。その一方で，21世紀に入ってからも新たな感染症が繰り返し流行してきている。私たちの生活に大きな影響を与える感染症の流行は，単純に病原体の生物学的な特徴によってのみ決まるのではなく，それに感染する人間の状況にも大きく依存している。本章では，2020年の新型コロナウイルス感染症（COVID-19）のパンデミック下における日本の状況を念頭に，文化人類学が感染症と感染症対策についてどのように検討してきたのかを説明していこう。

1 数字と人生

数百万人のうちの1人

2019年12月に中華人民共和国の武漢で確認された新型コロナウイルス感染症（COVID–19）は世界的な感染拡大を引き起こし，2020年9月15日現在，感染者は全世界で2915万5581人，死者は92万6544人にのぼっている（WHO発表）。日本でも，感染拡大が本格化した2020年3月以降，感染者数に関する報道が連日なされるようになった。感染症対策の専門家たちも，そのような数字を用いながら感染拡大がどれくらいの速さで進むのかを算出し，どのような対策をとればそのペースを抑えられるのかを複雑な計算によって求め，政策を決定する際の科学的な根拠として提示している。私たちは，COVID–19を引き起こすウイルスの姿を肉眼で確認することはできない。それどころか，誰が感染しているのかを目で見て判断することもできない。COVID–19という病気の存在は，日に日に増大する感染者数やその推移予測を示すグラフの形で私たちの目の前に現れている。

特定の存在について，それがどれだけ多くの人間に影響を与えたのかによって語ることはそれほど珍しいことではない。たとえば，このゲームソフトは400万本売れたとか，この映画は累計で210万人の観客を動員したというような話はパンデミック（世界的流行）の以前から日常的に聞くことができた。感染症の特徴は，単に人間を数百万人のうちの1人として扱うのではなく，同時に，1人ひとりの感染者にも注意をひく点にある。

21世紀に入ってから流行したさまざまな感染症への対策にお

いて，感染者が誰と接触したのかを追跡する手法は一般的なものとなっている。感染している可能性のある接触者を追跡し，発症する前から監視しておくことで，その人が仮に発症したとしてもほかの人に感染させるのを防ぐというのである。2002年に発生した重症急性呼吸器症候群（SARS）を抑え込む際にも，2014年に西アフリカで大規模な感染拡大を引き起こしたエボラ熱への対応においても，この方法は大きな成果をあげてきた。COVID-19の流行に際して，「クラスター班」と呼ばれる日本の感染症対策の専門家たちが採用している方法の主要な柱の1つもこれである。感染者の過去の行動をさかのぼることで感染者と接触した人を監視していく方法では，1人ひとりの人間は数百万人のうちの1人としてではなく，特定の時間に特定の場所を動き回る個別性をもった具体的な個人として扱われることになる。

　とはいえ，そこで注目されるのは，あくまでも感染拡大と関係する限定された期間についての，つまり数日からせいぜい数週間の間の個々人の行動にすぎない。COVID-19に感染した数千万人の人々のそれぞれが，どのような顔でどのような仕事をしており，どのような家族とともにどのような環境で生活しているのかについて，私たちはほとんど知ることはない。

感染症とともに生きる人々の苦しみと力

とはいえ，感染症とともに生きる人々の1人ひとりに焦点を当てることは，それほど珍しいわけではない。報道番組を注意深く見ている人は，何人かの英雄的な感染者の存在を知っているかもしれない。たとえば，COVID-19の流行の初期段階に危険な感染症の流行の兆しがあることに警鐘を鳴らした武漢の眼科医である李文亮（誤った噂を流したとされて警察の捜査を受けた後，

自らも感染して命を落とした）や，2003年3月にベトナムのハノイでSARSの治療にあたっていたイタリア人医師カルロ・ウルバニがその後の感染拡大の防止に重大な貢献を果たしたこと（そして，そのさなかに自らも感染して命を落としたこと）はよく知られている。報道番組や新聞のほかにも，闘病記や裁判記録，小説などさまざまなメディアが，感染症とともに生きる人々の人生を綴ってきた。そこで描かれてきた人々の多くは，必ずしも李文亮やウルバニのような悲劇的な英雄だけではない。

　無名の患者たちの生について語る際には，いくつかの様式や目的が存在しうる。たとえば，ウガンダのHIV感染症とともに生きる人々について調査をしているスーザン・ホワイトたちは，2000年代初頭に抗HIV薬治療の援助を受けた人々が，自らの経験や状況について雄弁に語っていることを報告している。そうすることで，自分を支援してくれたNGOの重要性をアピールすることができ，看護学校における臨時講師や海外での講演のチャンスを得ることもある。感染症とともに生きるという独特の経験について語ることで，人々は，自らのパトロンである団体により多くの支援を呼び込むことができ，自らもHIV感染症の専門家としての立ち位置を確保できるようになるというのである（Whyte et al. 2013）。

　ここで注目すべきなのは，自らの生について語ることが打算に基づいているということではない。打算はほとんどあらゆる場面に見出すことができるので，何らかの行為の背景にそれがあることを指摘しても，ほとんど何も言っていないのに等しい。むしろ，ここで強調されるべきなのは，感染症とともに生きる人々にとって，自らの生について語ることはある種の資源として自分や他人のために活用できるものであり，また，他の人々の行為を誘発す

るものでもあるということである。感染症とともに生きる人々は単なる被害者ではなく，彼ら・彼女らと周囲の人々の生活を変容させる力ももっているのである。

　感染症とともに生きる当事者の人々とは異なり，文化人類学者が1人ひとりの感染者に焦点を当てる際には，感染症とともに生きる人々の苦しみに政治経済的な不平等や植民地主義といった負の歴史が色濃く刻印されていることも強調されてきた。つまり，人々の苦しみは必ずしも個人的なものではなく，生きられた時代や場所に応じて，ある程度の共通性をもっているのである。文化人類学者たちは，個々人に注目することで，そのような共通性を生み出す構造を明らかにするとともに，人々がそのような構造のなかでどのように創造的に生を紡いできたのかを明らかにしてきた。

　たとえば，西真如は，エチオピアのHIV陽性者運動で活動するマサラトという女性の人生を通して，国際的なHIV対策とHIV陽性者運動の変遷が具体的な個々人の人生にどのような影響を与えてきたのかを描き出している。西によれば，エチオピアのHIV感染症とともに生きる人々は，2000年代に国際的な陽性者運動と接続することで，抗HIV薬の提供を受けられるようになった。この背景には，すべてのHIV陽性者に抗HIV薬を提供することでもっとも効果的かつ効率的に感染症の流行を収束させるという世界的な政策の導入がある。この政策においては，HIV対策の正否はもっぱら抗HIV薬を定期的に服用する人の割合などの数字に基づいて判断される。そのため，HIV感染症とともに生きる人々は，個々人がHIVに感染していることを超えて経験している苦しみについては，むしろ放置されるようになった。そのようななか，マサラトは自らの経験を語ることで国際的

なネットワークに接続するというよりは，現地に留まらざるをえない人たちをケアする活動に従事することで，ホワイトたちが描く雄弁な人々とは異なる形で，自らと周囲の人々の生活を変える力を発揮しているという（西 2017）。

　同様に，デボラ・ジニスは，2015 年にブラジルで流行したジカ熱に感染した母親たちと治療に当たった臨床医に注目することで，ブラジルにおける女性の立場の弱さやブラジル国内の南北問題に光を当てている。ジカ熱は，COVID-19 のように多くの人の命を奪う病気ではない。ただし，感染者が妊娠していた場合，容易に看過できない結果をもたらす。胎児の発達に影響を与え，小頭症と呼ばれる奇形を引き起こすのである。ジニスは，ブラジルのなかで比較的貧しい地域である北東部で暮らすジカ熱の影響を受けた女性たちの苦しみを丹念に描き出す。同時に，流行の初期に未知の感染症がジカ熱であることが突き止められ，感染した妊婦から生まれた子どもが小頭症を発症する可能性について明らかになっていく際に，世界的に名をはせた南部の研究機関の科学者だけでなく，北部の臨床医や母親たちが重要な役割を果たしたことも指摘している（ジニス 2019）。

　これらの事例からは，人々の苦しみは感染症によってのみ引き起こされているのではなく，感染症になりやすく回復しづらい状況に追いこんでいくような構造によっても苦しめられていること，そのなかでも人々は構造のあり方を変容させるような力を発揮してきたことがわかる。このような感染症の姿は，感染者や死者の数やその推移で可視化されているものとは異なるものであり，数字を追っているだけでは見えてこないものでもある。

とはいえ，数字がまったくの無意味というわけではない。むしろ，数字によって表される感染症の特徴は，政治経済的な構造と組み合わさりながら，人々の経験にある程度の共通性を生み出す環境の一部を形成している。感染症の流行やそのなかでの人々の経験を理解するためには，数字で表される生物学的^{バイオロジカル}な領域と政治経済的な構造やミクロな人間関係に代表される社会的^{ソーシャル}な領域の絡まり合いに目を向ける，バイオソーシャルなアプローチをとる必要がある。

たとえば，エボラ熱は，記録に残っている限りでは1976年に発見されているのにもかかわらず，有効な治療薬やワクチンが開発されないまま，2014年に西アフリカで大規模な流行を引き起こした。その後，治療薬やワクチンの開発が急ピッチで進められ，2019年までには一定の有効性をもつ治療薬とワクチンが利用可能になっている。有効な対策が準備されなかった38年間と，治療法と予防法に目途がつくまでの5年間という長さの違いは印象的である。もっと早く開発に着手していれば，多くの人の命を救えたかもしれない。

このようなエボラ熱への対策の歴史的経緯にも，数字が大きな影響を与えている。2014年に西アフリカでアウトブレイク（集団発生）が起きるまで，全世界で確認されたエボラ熱の感染者数は2410人，死者数は1594人であった。感染者の50〜70％が短期間に死亡するエボラ熱は，感染が拡大する前に感染した人間を殺しつくすため，大規模なアウトブレイクを起こしていなかったのである。治療法や予防法の開発には多くの資金と労力が必要になる。どれほど危険な病気であったとしても累計の患者数が数千人であればコストに見あう利益を得ることはできない。感染者に対

しては残酷な計算ではあるが，数字に基づく計算は感染症の危険性と感染することの経験に大きな影響を与えることがよくわかる。

　COVID-19 のパンデミックも，数字で表される感染症の特徴が人々の経験を枠づける環境の一部となりうることを理解するための格好の材料を提供してくれる。COVID-19 の特徴は，感染者の致死率や重症化率が際立って高いわけではないものの，短期間に多くの人に感染することにある。そのため，医療体制が対応できる能力を超えた重症患者が発生し，適切な医療を受けることができないまま亡くなる感染者が多数現れるのである。まさに数字の推移が感染者の予後や経験に大きな影響を与えており，また，数字の状況から感染症に対するこれまでの備えが政策的に十分なものであったかどうかが判定される状況にある。さらに，COVID-19 の感染者数の推移は，まだ感染していないけれども感染する可能性のある人々の日常生活のあり方にも大きな影響を与えている。強い感染力をもつ病気に対しては，感染する以前から予防のための措置をとらざるをえないからである。

　このように見てみると，数字として表れる感染症の特徴と 1 人ひとりが経験する感染症の特徴は，対立的というよりはお互いがお互いを含みこみあう，相互包含的な関係（モル 2016）にあることがわかる。1 人ひとりの経験の累積が数として把握される一方で，数として表れる感染症の特徴が 1 人ひとりの経験の重要な一部を構成しているのである。改めて，感染症について理解するためには，数字で把握される病原体の生物学的な特徴だけを見ていても，政治経済的な構造，感染症に対する備え，人間のふるまいといった社会的な状況だけを見ていても十分ではなく，両者の絡み合いに注目するバイオソーシャルな視点が不可欠なのである。

2 多様なバイオソーシャリティ

　それでは，このバイオソーシャルという視点を導入することで，どのようなことが明らかになるのだろうか。その可能性のすべてを挙げることはできないが，代表的なトピックである生物学的ステータスと市民であることの関係，感染症対策を駆動する生物学的なもの，臨床と疫学の関係について，以下，説明していこう。

市民であることの前提としての生物学的なもの

　人間の生活がバイオソーシャルなものであることを描き出した文化人類学者に，チェルノブイリ原発事故後の生活を描いたアドリアナ・ペトリーナがいる。ペトリーナは，独立後のウクライナにおいて，チェルノブイリ原発事故によって被曝したという生物学的なステータスが，むしろ，市民権が保障されるための条件になってきたことを指摘している。

　ペトリーナによると，チェルノブイリ原発事故の直後にソ連が治療と補償に注力したのは 237 人にすぎなかったが，独立後にウクライナ政府が認定した被曝者数は 350 万人にのぼる。この数字の大きな乖離の背景には，科学が確定的なことがいえないなかで，特定の生物学的なステータスの認定に，科学的な手続きだけでなく，政治的な要素が入り込んでいることがある。同時に，ウクライナ政府が経済的な理由からすべての国民に社会的な保護を与えることができない状況にあって，原発事故の被災者やそれよりもさらに重篤な影響を受けているとされる障害者と認定された者だけが，経済的に生存を保障される市民として扱われているという。

つまり，被曝によるダメージという否定的な生物学的ステータスが，政治的な権利の基盤となっているのである。ペトリーナは，さらに，このような生物学的ステータスを手に入れるためには，インフォーマルな取引や融通のシステムを活用する必要があることも指摘している。ここでは，国家レベルでの政治だけでなく，よりミクロな場面での政治をも含みこんでいる生物学的なステータスが，人々の生活のあり方に大きな影響を与えているという，生物学的なものと社会的なものが複雑に絡み合った状況が見て取れる（ペトリーナ 2016）。

ペトリーナが焦点を当てる放射能に被曝した人々は，感染症に罹患しているわけではない。しかし，生物学的なステータスが，その人の生活の基盤の一部をなしているという点については，ホワイトたちや西が描き出す HIV 感染症とともに生きる人々と共通している。東アフリカにおける HIV 感染症とともに生きる人々も，HIV に感染しているということによって，経済的な支援を受けたり，学校や NGO で職を得たり，海外に渡航するチャンスを得てきたからである（Whyte et al. 2013；西 2017）。

政策のなかの生物学的なもの

それでは，放射能に被曝したことと感染症に罹患していることの違いはどこにあるのだろうか。大きな違いの1つは，感染症は文字どおり感染性であるために，病気にかかっていることが本人の健康だけでなく，周囲の人の健康にも大きな影響を与えうる点にある。放射能に被曝していることは本人にとっては重大な問題であるが，その人がほかの人の健康に直接的に影響を与えることはない。

このような感染症の生物学的な特徴は，たとえば，HIV 感染

症対策における「予防としての治療」という政策の前提をなしている。「予防としての治療」とは，全世界ですべての HIV 陽性者に治療薬を提供することにより HIV 感染症の流行を収束させようというものであり，この政策の効果と効率のよさ（安上がりであること）は，疫学的数理モデルによって立証されているという（西 2017）。ここでは誰かの症状の進行を遅らせる臨床的な営みが，ほかの誰かの感染を予防する公衆衛生的な営みと一致するという状況が見て取れるのである。

　この予防と治療の一致は，他の感染症への対策にも見て取れる。たとえば，2015 年にノーベル医学生理学賞を大村智にもたらしたイベルメクチンは，河川盲目症という感染症に効果があるとされ，この病気の感染拡大を防ぐために年間延べおよそ 4 億人に配布されている。河川盲目症は，ブユが媒介する回旋糸状虫という寄生虫に感染することによって発症する。この回旋糸状虫の成体の寿命は 8 年から 15 年とされ，毎年数千の仔体（ミクロフィラリア）を排出する。イベルメクチンは成体を殺すことはできないが，何らかの形で仔体を無力化し，成体の仔体生産能力を数カ月にわたって著しく減退させる。仔体に対する強力な効果によって，イベルメクチンは失明などの病状の進行を遅らせ，また，周囲の人への感染リスクも減らすことができるという（ホッテズ 2015）。

　ここでも，抗 HIV 薬と同じように，イベルメクチンは感染者の症状の進行を遅らせると同時に，他の人への感染力を弱めるために予防的な手段としても利用されている。他方で，この薬の使用のされ方には，抗 HIV 薬とは異なる部分もある。イベルメクチンは，感染が確認された人だけではなく，河川盲目症が確認されている地域に住むすべての人々に対し投与されている。再び数理モデルによると，地域の住民の 65% 以上が 16–18 年にわたっ

てイベルメクチンを年1回服用することで，その地域から河川盲目症を排除することが可能になるとされる（WHO n. d.）。イベルメクチンが，年間4億人に配布されているということは，地球上に4億人の感染者がいることを意味してはいないのである。

　ただし，感染症を治療することと感染拡大を防ぐことが，同一の手段によって達成されるのは，必ずしもすべての感染症について妥当するわけではない。COVID-19のパンデミックにおいては，感染しても症状のない者や軽症の者が多く，逆説的にこのことによって，無症状者や軽症者からの感染拡大が大規模な流行の原因になったとされる。このような状況では，感染者に対する治療が必ずしも公衆衛生的な予防に大きな効果をもたらすわけではない。通常，政治や社会の領域にあると考えられがちな感染症対策のあり方や効果にも，前項で取り上げた感染者の生活がそうであったように，感染症の生物学的な特徴が織り込まれているのである。

　　　　　　　　　　　それでは，COVID-19への対応には，
　臨床と疫学　　　これまでの感染症対策との共通点はないのであろうか。そうではない。本章の冒頭で述べたように，感染者の接触者を過去にさかのぼって追跡する方法は，これまでも用いられていた。もう1つ，共通点として指摘できるのが，臨床的な対応が科学的事実をつくりだすプロセスともなっているという点である。

　再び，河川盲目症に対するイベルメクチンの配布について見てみよう。イベルメクチンを配布する目的は，河川盲目症の感染者の症状の進行を遅らせ，同時に，ほかの人への感染拡大を防ぐことにあった。この目的を達成するためには，河川盲目症に感染し

ているかどうかにかかわらず，住民の 65% に継続的にイベルメクチンを服用させ続ける必要がある。

　私自身が調査を行った西アフリカのガーナ南部においては，この作業はボランティアによって実施されていた。人口の 65% がイベルメクチンを服用しているかどうかを確認するためには，当該地域の人口が何人でありそのうち何人の人が服薬しているのかを確認する必要がある。そのためボランティアたちは，世帯ごとの服用状況を記載するための専用のフォームが印刷されたノートを持ち歩き，いつ，誰が，何錠のイベルメクチンを服用したのかの記録をつけていくことになる。この際，注目に値するのは，副反応の有無についても記録することが求められている点である。河川盲目症の感染者がイベルメクチンを服用したとき，肌の表面に蓄積した仔体が暴れまわることで強烈なかゆみをもよおす。この副反応を確認することで，誰が河川盲目症に感染しているのかを確認することができ，その記録を集めることで当該地域の有病率を知ることができるのである。

　こうしてボランティアたちは，イベルメクチンを配布しながら記録をつけることによって，当該地域のイベルメクチンの配布率と河川盲目症の有病率を計算するためのデータを収集している。しかし，ボランティアたちの関心は，正確な記録をつけることというよりは，治療と予防のために薬剤を多くの人に配布することのほうにあるので，集められたデータは正確とは言い難い。にもかかわらず，そのデータは，河川盲目症対策が成功しているかどうかを判断するための科学的事実として活用されている（浜田 2017）。

　COVID-19 のパンデミックに際して，日本で大きな議論を巻き起こしたのは，感染を確認するための PCR 検査の数が十分な

のかどうかという点であった。他の国と比べて比較的検査数が少なかったことの背景に，日本政府が感染対策を実際よりもうまくいっているように見せかけるために，政治的な関心に基づいて検査数を絞っているのではないかと疑われたのである。実際にどの程度の検査を行うべきなのかについては，そのときどきの感染状況や検査体制といった社会的な要因によっても左右されるので，純粋に科学的な知見によって決まるわけではない。感染症専門家の間でも意見が分かれたり，時間的経過とともに認識が変化したりしている。しかし，一点だけ強調しておきたいのは，日本のCOVID–19への対応におけるPCR検査の実施方針は，あくまでも臨床的な目的，すなわち感染者をどのように治療するのかという観点から策定されたものであって，日本全国のすべての感染者を正確に数え上げることを目的としていたわけではないということである。

　先に紹介したように，チェルノブイリ原発事故の事例では，ソ連とウクライナの被曝者の認定数の違いは，科学的に確かなことがわからない状況で政治的な要素が入り込むことによって生まれていたと指摘されている（ペトリーナ 2016）。それに対して，COVID–19の感染者数に関する認識の違いは，科学に政治が入り込んだ結果というよりは，いずれも科学的と言いうる，臨床的な方法と疫学的な方法の差異を反映したものである。

　臨床的な目的のための検査によって数えられた数字と，感染者数を正確に把握するための検査によって数えられた数字の違いに注目することからは，文化人類学におけるもう1つの数字の取り扱い方が見えてくる。前節で述べたように，文化人類学者は，感染者の数よりも1人ひとりの人生に注目する傾向が強いが，数字と人生はお互いがお互いを含みこむ相互包含的なものであった。

それに加えて，文化人類学者は，すでに数えられた数字を用いて何らかの計算をするのではなく，誰がどのような手段を用いてその数字をつくったのかというプロセスに注目していく（モル 2016）。数字がつくられたプロセスを視野に入れて考えるならば，そもそも，数字自体が純粋に生物学的なものではなく，社会的なものを含みこんだ，バイオソーシャルなものなのである。

バイオソーシャルな世界を生きる

本章では，2020 年の COVID-19 のパンデミックとそれに対する日本の状況を念頭に，感染症について文化人類学で考えることがどのようなことであるのかについて解説してきた。文化人類学は，感染症とともにある人々の生活とそれを枠づける政治経済的な構造，感染者の数と 1 人ひとりの経験，生物学的なことがらと社会的なことがらといった，対立的にとらえられがちな領域を横断しながら検討することによって，感染症と人間が相互に影響を与えながら共同でつくり出す世界のありようを明らかにしようと試みてきた。その過程で明らかになったのは，市民や政策といった社会的なものに生物学的なことが含みこまれており，数字で表されるウイルスの特徴に社会的なものが含まれているということであった。

とりわけ 2000 年代以降に発展してきたこれらの議論は，国家や科学と人々の関係についても従来のとらえ方からの変更を迫っている。1970 年代以降，文化人類学者は，他の人文社会系の諸分野と歩調をあわせながら，医療が人々の生活に与える影響の大きさを強調し，国家や資本と医療が共犯関係にあることを指摘することで，医療を支配のための道具として批判的に言及してきた（たとえば，Taussig 1980）。2020 年の COVID-19 のパンデミック

に際して，感染症専門家の助言に基づいて人々の行動が規制されることへの懸念がさまざまな形で表明されているが，それらの発言の多くは，医学的な目的を達成するために個々人の自由が抑圧されることを批判するものであり，文化人類学の古典的な議論と基本的に同じ枠組みのなかに留まっている。

しかし，医療を支配の道具としてのみとらえ，それに対して自由を擁護することに拘泥し続けることには注意が必要である。これまで述べてきたように，また，COVID-19 の流行があらわにしたように，私たちの生活は感染症やそれへの対応によっても大きな影響を受けている。たとえば，差別や格差といった人間同士の関係によってつくられる問題について考える際には，「誰」の言うことを聞くべきなのか，「誰」の支配を誰が受けているのかという支配－自由という軸に沿って議論していくことは依然として重要であろう。他方で，病気や感染症，気候変動のように，人間以外のものを含めた世界のなかで発生している問題について考える際には，私たちの実践によって「何」が達成されるのかのほうに重点が置かれざるをえない（モル 2016）。自由を求める人々の実践によって大規模な感染拡大が引き起こされることは，誰もが望んでいないことだからだ。感染症の存在を含みこんだ生活について検討するためには，支配－自由というこれまで常に重視されていた軸とは異なる，新しい軸が必要になってくる。

オランダの文化人類学者アネマリー・モルは，そのようなバイオソーシャルな世界を理解するための軸として，「ケア－ネグレクト」という軸を提案している。医療や科学技術を抵抗すべき敵としてではなく同じ目的を達成するためのチームの一員ととらえ，また，一時的な選択を行う代わりにつねに新しい状況に対応していくケアの実践を擁護するモルの議論は，現状の分析や批判に留

まることなく，バイオソーシャルな世界を生きるための新しい指針を提示するものとなっている（モル 2020）。

　感染症の人類学の今後の発展可能性は，本章で紹介してきた議論が行ってきたように，バイオソーシャルな世界がそれぞれの現場でどのようにつくられてきているのかを明らかにし，また，モルが鮮やかに行ったようにバイオソーシャルな世界を理解するための新しい概念をどれだけ生み出していくことができるかどうかにかかっているのである。

 ブックガイド

ポール・ファーマー『権力の病理 誰が行使し，誰が苦しむのか──医療・人権・貧困』（豊田英子訳）みすず書房，2012 年
　●世界各地で国際医療協力に長年携わってきた医師であり文化人類学者でもある著者の代表的著作。健康と医療について考える際に，その時その場から離れて，より広い空間的な文脈と歴史的プロセスに注目する必要性がわかりやすく提起されている。

デボラ・ジニス『ジカ熱──ブラジル北東部の女性と医師の物語』（奥田若菜・田口陽子訳）水声社，2019 年
　●ブラジルでアウトブレイクを起こしたジカ熱の最初の 1 年の状況について，特に臨床医と妊婦に焦点を当てながら描き出したモノグラフ。感染症の流行が医療現場と人々の生活に与える影響が丹念に描かれており，COVID–19 の流行について考えるうえでも必読の書。

アネマリー・モル『多としての身体──医療実践における存在論』（浜田明範・田口陽子訳）水声社，2016 年
　●オランダの大学病院における動脈硬化について検討した本書は，必ずしも感染症に焦点を当てたものではないが，医療実践について

文化人類学の立場から検討するための理論的な枠組みを提示してくれる。感染症と慢性病を比較するためにも読んでおきたい。

第5章 性　愛

他者と向き合う

（AFP＝時事提供）

　　恋人が何を考えているのかわからず，不安になったことはないだろうか。どんなに時間を一緒に過ごしても，恋人に「好きだ」と言われた直後でさえも，恋人の想いや考えを知り尽くすことはできない。私たちは，性愛という領域で愛する人の他者性——完全には知ることができず，簡単にはわかりあえない諸相——に遭遇する。それは性愛の傷つきやすさや豊かさと結びついている。

　　本章では，ポリアモリーや1対1の愛を取り上げながら，他者と向き合うことについて考える。性愛における自己と他者のかかわりを考察することは，自己と他者が傷つきやすさを抱えながらも，どのようによりよい関係を創り出すことができるのか，という問いに手がかりを与えてくれる。

1 他者との遭遇

私の「愛」とあなたの「愛」

ニューヨークの開業医であるビルは，妻アリスと娘ヘレナと3人で暮らしている。ある晩，ビルとアリスは愛についての考えをめぐって口論となる。その引き金となったのは，前日に2人で参加したパーティーだった。パーティー会場で，アリスはビルが2人の女性と腕を組みながら親しくしている様子を目撃した後，ビルの姿を見失った。長い間姿を消していたビルに対して，アリスは不信感をもっていたのである。

「ねえ，教えて。あの2人の女の子。ゆうべのパーティーのよ。あなた，ひょっとして，あの子たちとファックした？」。このようにアリスが尋ねると，ビルはすぐに否定する。そして，自分がアリス以外の人とセックスをしない理由を「君を愛しているからだ。それに僕らは結婚している。僕はけっして君に嘘をつく気はないし，傷つけたくない」と説明する。これに対してアリスは，「ファックしないのは，私のためだってこと？　本当はあなた，彼女たちとしたかったんでしょ！？」と激昂する。

上記はスタンリー・キューブリックの遺作，トム・クルーズとニコール・キッドマン主演の映画『アイズ・ワイド・シャット』(1999) のワンシーンである。ビルはほかの人と性的関係をもたない理由を述べる際に，夫婦の役割や義務にも言及し，理性や努力を含むものとして，自分たちがあるべき姿を示している。これはビルにとっての「愛」ということができるかもしれない。他方アリスの「ファックしないのは，私のためだってこと？　本当は

あなた，彼女たちとしたかったんでしょ！？」という発言からは，実際にビルがほかの人と性的関係をもつか否かにかかわらず，欲望の対象が常に自分1人であることを求めていることがわかる。これはアリスにとっての理想の「愛」なのかもしれない。

愛する人は他者

夫婦や恋人であっても，それぞれが想定している愛のかたちが同じとは限らない。いくら自分はパートナーと性愛に関する価値観が同じだと考えていても，性や愛に関するあらゆることで考えが一致するのは難しいだろう。そもそも私たちは他者が何を考えているのかを知り尽くすことはできない。性愛という領域において，私たちは愛する人の他者性——簡単にはわかりあえず，完全には知ることができない諸相——に遭遇する。そのような場面において私たちは，他者（愛する人）をとらえることへの挫折や他者とわかりあえない苛立ちや悲しみ，他者との擦り合わせを生きることの難しさを経験する。アリスとビルの口論は，こうした性愛において避けることのできない困難さを示している。

　その一方で，性愛は日常や人生に豊かさをもたらす。誰かを愛するなかで，新しい自分に出会うことや世界が突然輝きだすような経験をしたことがある人は多いのではないか。このような経験は，自分ひとりだけで得られる幸福とは別の，他者とのかかわりあいのなかで得ることのできる幸福である。人と人のかかわりあいのなかでも，性愛は濃密なかかわりあいである。というのも，性愛では，心的・身体的に自分をさらけ出しながら，他者と向き合わなければならないからだ。性愛におけるかかわりあいを考えることは，傷つきやすさを抱えた自己と他者がいかにともに生きることができるのか，という問いに手がかりを与えてくれる。

先のアリスとビルの夫婦は，愛と性と結婚をめぐる考えに微妙なズレが生じていたが，2人はともに愛が1対1であることを前提としている。アメリカも私たちが暮らす日本も，一夫一婦制（以下，モノガミー）の社会である。モノガミーとは，単一を意味する「モノ（mono）」という接頭語と，結婚や生殖を意味する「ガミー（-gamy）」という接尾語に由来し，唯一の相手に対してのみ愛と性が許される婚姻形態である。

　日常に目を向けてみれば，歌や映画や小説など，1対1の愛の関係を賛美するもので溢れている。1人を愛することは，「あたりまえ」というだけではなく，どこか「うつくしく」「誠実で」「ホンモノ」の愛とされてもいるようだ。

　その背景には，結婚と愛情と性の3つを結びつけ，そうした三位一体を理想的なものとする観念である「ロマンチック・ラブ・イデオロギー」が関係している。この三位一体のなかでは，たった1人の相手に「永遠の愛」を誓うことが崇高な愛情の証とされ，1人の人を愛することこそが「真の愛」であるといった言説が正当化されてきた。モノガミー社会において，1人の人を愛することや夫婦や恋人が相互に性的純潔を守ることは，婚姻制度やパートナーとの愛の誓いを守るためだけでなく，自分の愛を証明するためにも必要となったのである。

「奇妙」な関係　そうした現代のモノガミー社会にいながらも，「1対1でなくても，誠実な愛を築くことができる」と考える人たちがいる。彼らは自分たちの愛のかたちをポリアモリーとよぶ。私はこれまで主にアメリカ・南カリフォルニアでポリアモリーに関する調査を行ってきた。ここ

で私がフィールド調査中に参加した，あるホームパーティーでの話を紹介したい。

　会場となる家に到着して間もなく，友人がパーティーのホストであるセスとエレン夫妻を紹介してくれた。セスは30代後半，エレンは20代半ばくらいである。パーティーが開始してからしばらくの間，セスとエレン夫妻は家のなかを巡回しながら，来客をもてなしていた。パーティーが中盤に差しかかったころ，中庭にあるプールのなかでエレンを見かけた。彼女は他の男性と抱き合いながら，キスをしていた。そこにセスがきた。セスはエレンに何か用事を伝えると，何もなかったように笑顔で立ち去った。

　ふつうなら修羅場になってもおかしくない場面であるが，セスは平然としていた。セスが怒らないのは，エレンにベンという恋人がいることに合意しているからであった。さらに，ベンはセスとも交際している。つまり妻の恋人は，恋敵どころか自分の恋人でもある。3人は互いに愛し合い，一緒に暮らしていた。

　この話をきいたあなたは，エレンたちの関係に驚いたかもしれない。なぜだろう？　きっと私たちが1対1の愛の関係を「あたりまえ」と考えがちであることと関係している。あなたにとってエレンたちの関係は奇妙で理解しがたいかもしれないが，エレンたちはポリアモリーという愛の関係を生きているのである。

| ポリアモリーとは？ |

ポリアモリーとはギリシア語の「複数（poly）」とラテン語の「愛（amor）」に由来し，1990年代初頭のアメリカで造られた概念である。定義はさまざまで一義的ではないが，合意に基づいて複数の性愛関係を築くこと，そのような性愛関係を生きることを指す。したがって，パートナーに隠れてほかの人と交際することとポリアモリー

は区別される。また，一方のジェンダーだけが複数のパートナーをもつことのできる一夫多妻や一妻多夫とも異なる。ポリアモリーではジェンダーにかかわらず複数のパートナーをもつ権利があり，関係構築においてもジェンダーの平等性が強調される。

　ポリアモリーの実践者や共鳴者の数を正確に特定することは難しいが，ある研究によればアメリカ人のおよそ 4% から 5% の人が，なんらかの「合意のあるノン・モノガミー」を実践していると報告している。ただし，「合意のあるノン・モノガミー」にはポリアモリーだけではなく，合意のうえでパートナーを交換して性交するスウィングも含まれている。

　ポリアモリーにはさまざまなかたちがある。いくつか例を挙げよう。「オープン・マリッジ」は，夫婦が性愛パートナーを 1 人に限定しないことに合意している状態を指す。「オープン・リレーションシップ」は，カップルが性愛パートナーを 1 人に限定しないことに合意している状態を指す。「トライアッド（triad)」は，3 人から構成される性愛関係で，3 人それぞれが性愛関係にある状態を指す。「クワッド（quad)」は 4 人から構成される性愛関係で 2 組の夫婦やカップルがそれぞれのパートナーをパートナーとしている状態を指す。エレンたちは，オープン・マリッジを実践する夫婦にもう 1 人が加わるかたちでトライアッドを形成している。

　実践のあり方も多岐にわたり，個々の関係における絆のあり方も多様である。たとえば，妻と子と一緒に暮らすマークは，別の州で暮らすもう 1 人のパートナーのもとを 3 カ月に 1 度訪れている。アンバーには 3 人の恋人がいて，そのなかにはセックスをする恋人としない恋人がいる。また，エレンたちのように，トライアッドでは 2 人以上のバイセクシュアルやパンセクシュアルを含

むケースが多い。パンセクシュアルとは，性愛対象の性別にとらわれず，すべてのセクシュアリティの人に対して恋愛感情や性的欲望をもつ性的指向を指す。

　このようにポリアモリーには，法的絆のあるパートナー，法的絆のないパートナー，性的絆のあるパートナー，性的絆のないパートナー，一緒に暮らしているパートナー，遠くに暮らしているパートナー，異性のパートナー，同性のパートナー，などさまざまな絆のあり方が混在している。ポリアモリーは，多様な愛のかたちを包含する現代社会の縮図といえる。

ポリアモリーに至る背景

　彼らはなぜポリアモリーの世界とかかわることになったのだろうか。2つの事例を紹介しよう。マリアは高校生のときに女性に魅かれ，バイセクシュアルを自認するようになる。しかし周囲の目が気になり，好きな女性に自分の気持ちを打ち明けることも，バイセクシュアルであることをカミングアウトすることもできなかった。大学に入学し，マリアが好きになった人は男性の既婚者であった。マリアが彼の話を友人にすると，「既婚者と交際することは倫理的に間違っている」と批難される。マリアは「愛してはいけない人がいること」に疑問を抱くようになる。大学卒業後にインターネットを通じてポリアモリーを知り，「制度にとらわれずに自分の愛を生きる」という広義におけるポリアモリー理念に感銘を受けた。マリアは「ポリアモリーとの出会いは高校時代から感じていた違和感を解消するものでした」という（深海 2015: 79）。

　モノガミー社会において「愛してはいけない人がいること」自体に疑問を抱く人は多くないだろう。マリアが婚姻規範を留保し

て愛に関する疑問を抱いたことと，彼女のセクシュアリティは無関係ではない。高校生のときにバイセクシュアルであることを自認したマリアは，性愛をめぐる制度や言説，愛することそれ自体に対して敏感に生きてきたことが予想される。マリアにとって，1対1の男女を前提とした性愛倫理を守ることは，自分の愛をあきらめることや自分を否定することにもなる。自分を偽らず，自身とよりよい関係を築くために，婚姻制度に判断を委ねないという態度が必要となった。マリアと同様に，自分の気持ちや欲望に正直に生きるために，ポリアモリー実践に至った人は少なくない。

　このようにポリアモリーは「規範に対して個人が主体的に選択した性愛」であるが，婚姻制度に抗うものではない。実際に結婚生活を続けながらポリアモリーを実践するケースは多い。結婚14年目になる夫婦の例を挙げよう。ウェンディとネイソンには10歳と8歳の子どもがいる。ウェンディが下の子どもを妊娠したあたりから2人はセックスレスになっていた。あるとき，ウェンディはネイソンに本音を打ち明けた。「ネイソンにセックスを楽しみたいと伝えました。私にとって，セックスのなかで感じることのできる身体的，感情的，精神的なつながりは大事だといいました。……その話のなかで，今後ネイソン以外の人とセックスをすることはないと考えたときに，物悲しい気分になること，女性とのセックスも試してみたいことも伝えました」。ウェンディとネイソンは，自分たち夫婦と一緒にセックスを楽しみたい女性をオンラインで募集し，実際にプレイをした。ネイソンは同じことをまたしたいとは考えなかったが，ウェンディがほかの人と関係をもつことに反対もしなかった。その後，2人はポリアモリーのミーティングに顔を出すようになり，ウェンディはミーティングで知り合った女性と交際を始めた。

ウェンディの事例では，セックスレスがポリアモリー実践の背景にある。アメリカは離婚大国で知られているが，その反面，夫婦関係をきわめて重視する国でもある。アメリカではロマンチック・ラブ・イデオロギーの影響を強く受けたことで，夫婦の間に感情的満足や性的満足，支えと慰め，孤独感からの解放などのすべてが求められるようになった（我妻 1980: 125）。つまりアメリカ社会においては，結婚やそれに伴う性愛に過剰な期待が寄せられているのである。

　しかし，現実的にこれらすべてをパートナーが満たすことは難しい。ウェンディの場合は，性的な満足を得ていない状況ではあるが，ネイソンと別れたいわけではなかった。性愛を婚姻に閉じるべきという性愛倫理や1対1の性愛倫理を守るなかでは，離婚か我慢をするかしかない。このような状況に対して，ポリアモリーは夫婦関係を継続するための解決策となっている。ウェンディは，ポリアモリーによって「自分たちの居場所を見つけることができた」ともいっていた。

　2つの例はいずれも，既存の性愛倫理では叶えることのできない欲望をもった人間が，婚姻制度に身を委ねるのではなく，自分の意志に基づいて自分の愛のかたちを選択していることを示している。

意識的な関係構築：感情管理を中心に

　それでは，実際にどのようにポリアモリーは築かれているのだろうか。複数の人間がかかわるポリアモリーでは，時間配分，性的身体の管理，嫉妬が問題となりやすい。これらの問題を回避し解決するためにさまざまな工夫が見られる。ここでは感情管理を中心に紹介しよう。

感情を管理するための工夫は多岐にわたっているが，たとえば，自分たちの関係を優先させるルールや，セックスを一緒にできる相手だけを恋人候補にするというルール，他のパートナーとセックスするときに自分たちのベッドを使用しないといったルール等，を設けていることがある。あるいは，自分はどんなことで嫉妬や不安を感じやすいのかを紙に書き出して，それをパートナーと交換しているケースもある。

　このような嫉妬対策のほか，生じてしまった嫉妬への対処法も数多く見られる。たとえば，「送らない手紙」を書くという方法がある。嫉妬を感じたら，パソコンのテキスト作成ソフトや携帯電話のメモ機能を利用して，自分の気持ちを記し，数日後に読み返しながら，心の変化に応じて編集していくことで自分の感情を客観視する方法である。また，嫉妬が生じてしまったときに，名前をつけて話しかける，自分の気持ちを歌にする，ヨガや瞑想を実践するケースもある。これらの取り組みからは，ポリアモリーを実践する人々が嫉妬に向き合い，嫉妬を管理していこうとしていることがわかる。

　あなたの場合は，性愛で生じる嫉妬や悲しみや不安や怒りなどの感情をどうしているだろうか。嫉妬で苦しんだり，恋人と別れて苦しくても，何もせずに痛みが消えるのを待つ人が多いのではないだろうか。日本文学の研究者によると，古代日本の通婚社会には性愛によって生じた苦しみに対処するための方法があったようだ。日本の通婚社会で発展していた歌は，ときに呪力をもつとみなされていた。歌のなかで「思う」を繰り返すことは，心変わりした相手を忘れ，想いを鎮める呪文となる。「思へども思はずとのみ言ふなれば　いなや思はじ思うかひなし（わたしが思ってもあの人は思わないとばかりいうのだから　もうこれ以上思うまい　思う

かいがない）」は，『古今集』に収められている呪文歌の1つである（古橋 1987）。呪文歌が単なる歌ではなく，呪文であるという点に着目するならば，歌の読み手が自分の力ではどうすることもできないような状況にいることがわかる。呪文歌は，自分に襲いかかってくる感情や，自分に取り憑いている他者から，なんとか逃げるための方法と考えられていたのだろう。

　ポリアモリーの話に戻ろう。ポリアモリーには自己を管理しながら，意識的に他者との関係を築いていこうとする特徴が見られる。これはポリアモリーが，規範から自由に好き勝手に行動するような性の放任主義とは異なることを示している。また，彼らが嫉妬を飼いならすために試行錯誤している様相は，ポリアモリーを実践するなかで傷ついてしまう，という人々の切実な現実を反映してもいる。ポリアモリーに限らずどんな愛であろうと，私たちは愛の関係を生きるなかで傷ついてしまう可能性を避けることはできない。

2 「厄介な」他者

「夢中になる」ことの
両義性

　誰か／何かを深く愛することを「夢中になる」という。「夢中になる」を辞書でひくと，「熱中して我を忘れること」「夢を見ている間」「正気を失うこと」と書いてある。これらは自分ではコントロールできない状態を指している。英語では「be crazy about〜」「be into〜」「be absorbed in〜」「be addicted to〜」などの表現が使われる。これらもまた自律性の喪失や対象への受動的なかかわりを示している。

愛の甘美な陶酔は，恋人にとらわれてしまうことによってもたらされると言ってもいいだろう。しかし，恋人にとらわれてしまうことは，愛の豊かさだけではなく，傷つきやすさにも結びつく。恋人に連絡したのに電話に出ないしメッセージへの返信もない，としよう。3日間，音沙汰がなければどうだろうか。恋人のことが気になって，授業やアルバイトどころではないかもしれない。連絡のとれない恋人は自分を苦しめる存在となる。あるいは，「なぜ連絡しないのか」「心配する私の気持ちがわからないのか」と怒りを覚える人もいるだろう。恋人のことで頭がいっぱいになり，自分を管理するのは難しい。

　自分の頭が恋人に占有されている状態は傷つきやすい状態でもある。というのも，自分を魅了する恋人が何を考えているのかを知りたいという想いは，常に挫折してしまうからだ。恋人をとらえることの不可能性は悲しみや怒りをもたらす。さらにそれは，恋人の存在を支配したい，監視したい，管理したいという欲望を促し，ともすれば暴力を生じさせる。

性愛における暴力

　他者を自分の思いどおりにしたい，我がものにしたい，といったエゴイズム（利己主義）は，他者への暴力を生み出す。ドメスティック・バイオレンス（いわゆる DV）やストーカー行為，レイプ，殺人は，その典型である。また，近年では新たな性愛の暴力としてリベンジポルノも問題となっている。「リベンジポルノ」とは，本人の許可なく元交際相手や元配偶者の性的な写真や動画を，インターネットを介して不特定多数の人に公開する，性的ないやがらせのことである。これら暴力的な関係において，加害者は自律性を喪失しているだけではなく，他者（被害者）にとらわれていることが多

い。リベンジポルノやストーカー行為はそのわかりやすい例である。加害者は他者（被害者）に取り憑かれているような状態であるからこそ，労を惜しまずに他者（被害者）に付きまとうのである。

　ここで，いったん恋人たちの日常的なやりとりに目を向けてみたい。多くの人は，恋人が自分と同じように「会いたい」と思っていたらうれしいと感じるだろう。私たちは恋人が自分と同じように考えることをつい期待しがちである。そのように感じることや期待すること自体に問題はない。しかし，恋人に配慮せずに自分と同じように考えることを強制することや，自分の考えから一方的に相手を理解したつもりになることは，相手を傷つける暴力となる。ポリアモリーであろうと1対1の関係であろうと，性愛関係を生きる誰しもが，エゴイズムから恋人を傷つけてしまう危険性を抱えもっている。

愛　撫

　恋人が完全にはとらえることのできない他者であり，恋人とのかかわりにおいて傷ついてしまう可能性が避けられないというと，愛の関係を築くこと自体が虚しく，無意味なことのように感じるかもしれない。しかし，そうなのだろうか。どのようにすれば，愛の豊かな経験につながるのだろうか。

　この問いを突き詰めた哲学者にエマニュエル・レヴィナスがいる。レヴィナスの思想の根底には，自己は他者との関係以前に存在しない，とする対他関係がある。つまり，自己が創られるためには，他者が不可欠であるということだ。ここでレヴィナスが想定している他者とは，否応なしに「わたし」をとらえるにもかかわらず，とらえられることを免れるような存在である。これはま

さに本論で見てきたような他者像に一致する。

　レヴィナスは，性愛の領域においても，決してたどり着くことのできない存在としての他者を前提とする。愛する人と「ひとつになる」「一緒になる」といった表現があるが，これらは自己と他者の同一化を愛の醍醐味としている。これに対してレヴィナスは，他者の他者性を維持したまま他者と出会うことこそが，エロス的経験であるという。ここでいうエロス的経験とは，自己をエゴイズムから解放し，変容させ，世界の見方まで変えてしまうような経験のことである。しかし，他者の他者性を維持したまま他者と出会うとは，いったいどのようなことなのだろうか。

　レヴィナスはエロス的経験を示すために，愛撫を取り上げている（レヴィナス 2006）。恋人を愛撫する場面を想像してほしい。愛撫は何にも覆われていない他者の身体に直接触れる経験である。あなたは恋人を気持ちよくさせたいと思っているかもしれないし，愛を表現したいと思っているかもしれない。だが，あなたは恋人ではないから，どこをどのようにしたらよいのか模索し，発掘するしかない。その際，あなたが触れる皮膚がきわめて傷つきやすいことを知っていることも重要である。レヴィナスにとって愛撫とは，決してとらえることのできない他者に向かって，他者の傷つきやすさを感知しながら歩み寄ることなのだ。

　エロス的経験としての愛撫に対し，恋人を「味わい」，自分のものにしていこうとする行為は，エゴイズム的である。こうした行為は，他者を自己に同一化させる試みでもある。前項で取り上げたような，自分と同じように考えることを強制する行為や，自分の考えから一方的に相手を理解する行為も，同一化の試みにあたる。エロスによって，エゴイズムや自己に固執するような状態から解放されることで，図らずも「他者のために」存在するよう

な自己が現れるとレヴィナスは考える。

　このようなレヴィナスの見解を踏まえたとき，あなたはいったいどのような方法で恋人という他者に近づいていきたいと考えるだろうか。

3　他者への接近

性愛と他者

　本章で取り上げたポリアモリーを，多くの人は自分の「愛」からは遠く離れた「愛」と感じたかもしれない。しかしその一方で，ポリアモリーを実践する人々と自分の共通性にも気がついたのではないだろうか。ここで，本章で見てきた性愛と他者の関係を整理したい。

　性愛は独りでは成立しない。性愛は他者との相互交渉のプロセスである。そのプロセスにおいて，他者（愛する人）は自分を魅了し，夢中にさせる存在であると同時に，知られることを免れ，完全には理解することのできない存在でもある。そのことは性愛の豊かさと傷つきやすさの両方に結びついている。他者のとらえどころのなさや理解不可能性は，他者を支配し，思いどおりにしたいという欲望を促す。こうした欲望を一方的に推し進めるエゴイズムは，他者への暴力を生じさせる。エゴイズムによる他者との同一化の試みに対し，レヴィナスの議論は他者性を維持したままで他者に歩み寄ることこそが，新たな自己と出会う可能性や，他者との新たな関係を創る可能性となることを示していた。

他者と向き合う

　性愛において，私たちは簡単にはわかりあえない他者と，傷つきやすさを抱えな

がらも交渉していく。本章で見てきた性愛における自己と他者のかかわりを，多様性を抱えた現代社会における他者との共生にまで押し広げて考えることも可能だろう。

　大学の講義でポリアモリーを取り上げたときに，次のような意見をもらったことがあった。「どんな愛を築いてもいいと思う。ポリアモリーの人はポリアモリーの人と。モノガミーの人はモノガミーの人と。互いに迷惑をかけないなら問題ない。そのためには，モノガミーの人とポリアモリーの人がかかわらないことが重要だと思う」「ポリアモリーを実践する人がいるのはいいが，自分とは関係のないところにいてほしい」

　これらの意見は，他者を尊重し，多様性を認めている。しかし他者との棲み分けを強調することで，他者に対して無関心でいることを選択してもいる。それは，自分とは異なる考えをもち，理解不可能なポリアモリー実践者と接近することで，いやな思いをする可能性があるからだろう。他者と距離を保つことや他者への無関心は，衝突を避けるという意味では共存の1つの戦略になる。しかし，そこに問題はないのだろうか。

　あなたが悩みや痛みを抱えているとする。上記の立場では，他者がそれに関与することはない。しかし，失恋したとき，病気になったとき，一人暮らしを始めたときに，他者の力を借りた経験はないだろうか。多くの問題は自力で解決できるわけではない。社会的な問題についても同様である。たとえば，2020年から小学校の保健体育の教科書にLGBTについての記述が初めて盛り込まれた。この実現には，セクシュアル・マイノリティ当事者の力だけではなく，当事者の想いに賛同する非セクシュアル・マイノリティの人々の支えも不可欠であった。

　このことは，誰かの抱える痛みが見過ごされることのない世界

をつくろうとするとき，私たちの誰もが他者の存在と無関係では
いられないことを意味している。だとするならば，たとえ傷つい
てしまう可能性があるとしても，他者と向き合うことを放棄する
べきではないだろう。他者と向き合う難しさを抱え続ける勇気は，
あなたが新しい自己と出会い，あなたの望む場所へと世界をつく
り変えるためにも必要なのである。

ブックガイド

田中雅一『癒しとイヤラシ──エロスの文化人類学』筑摩書房，2010
年
　● AV 女優たちについてのルポルタージュやポルノグラフィーな
　どを取り上げ，イヤラシの世界における癒しの可能性を人類学的視
　座から探る。本書を介して，現代日本の性についての知見を深める
　とともに，自分が自覚することなく抱いている性についての考えを
　意識してほしい。

ミシェル・フーコー『性の歴史 II 快楽の活用』（田村俶訳）新潮社，
1986 年
　●性の行動がいかに「道徳」と結びついてきたのか。この問いをさ
　まざまなギリシャのテクストを取り上げ，歴史的視座から考察する
　大著。より理解を深め，思想の変遷をたどるためにも，『性の歴史
　I 知への意志』『性の歴史 III 自己への配慮』とあわせて読むこと
　をおすすめする。

Hirsch, J. & Wardlow, H.（eds.）*Modern Loves: The Anthropology of
Romantic Courtship & Companionate Marriage*, The University of
Michigan Press, 2006.
　●近代的な愛について人類学的視座から探求した論集。インド，ナ
　イジェリア，パプアニューギニア，ブラジル……をフィールドとす
　る論者たちによって，ロマンチック・ラブ・イデオロギーが多様な

かたちで世界に浸透したことが描き出されている。

第 II 部

文化批判としての人類学

第Ⅱ部第7章「人間と動物」はマンガ形式のため本来の第7章の位置ではなく巻末に掲載しています。奥付の手前から逆向きに読み進めてください。

第6章　ア ー ト

（ロイター／アフロ提供）

　　イスラエルがパレスチナとの国境地帯に建造したコンクリートの
分離壁には，9つのグラフィティが描かれている。風船で壁を越え
ゆく少女，穿たれた穴からのぞく青空と少年など，暮らしを分断す
る差別的政策と築かれた壁の存在を，ユーモラスかつ痛切に批判す
るものだ。英国を拠点に活動するストリート・アーティストのバン
クシーは，監視塔の兵が自らの背に銃口を向ける緊迫した状況下，
今まさに対峙する現実をずらすイメージをかたちにした。

　　広くアートと呼ばれるもの（絵画や小説，映画，音楽，演劇な
ど）は，表現者と観客それぞれの身体感覚や想像力，モノや場と共
鳴しながら立ち現れ，各々にはたらきかける。奇想天外な設定があ
ろうと，現実とフィクション，リアルとイメージは，二項対立的に
分けられるものではない。フィクションやイメージを生きる，それ
らとともに在る世界のさまざまなあり方から，幅広い表現の存在や
自身のリアリティをとらえ返してみよう。

1 開かれゆくアートとイメージの拡張

なにが「アート」に
するのか？

2019年12月，世界のギャラリーが集まる見本市「アート・バーゼル・マイアミ・ビーチ」でもっとも注目されたのは，灰色のスコッチテープで壁に貼り付けられた1本のバナナだった。マウリツィオ・カテランが出品した《Comedian》(2019) は，個人コレクターへ12万ドル（約1300万円），美術館へは15万ドル（約1600万円）で売約済みとなっていた。事件は閉幕前日に起きる。ニューヨークを拠点とするアーティストのデビッド・ダトゥナが，悠然と壁からバナナを剝がしてぺろりと平らげ，「Hungry Artist」と題するパフォーマンスとして動画をSNSで公開したのだ。

大胆な行動もさることながら，作品とその価格に驚愕した人々は身近なものをテープで壁に貼り付けた写真を続々とアップし，大手スーパーやバーガーチェーンが野菜やポテトを貼り付けて「圧倒的低価格」をアピールするパロディ広告を披露する騒ぎに発展した。会見でダトゥナは，展示されていたのはバナナではなくコンセプトであり，それを食べるというパフォーマンスはカテランとのアートを介した対話なのだと述べ，器物破損にはあたらないと主張した。実際，ギャラリー側はすぐに別のバナナを展示して彼に退場を求めたほかは特に咎めず，むしろアートを取り巻く現状をポップに戯画化するカテランのコンセプトが，私たちの置かれた状況をあらわにしたのだと，改めて作品を価値づけた。

一連の騒動は，なにが物事をアートにするのか，それを価値づ

ける制度や文脈はどのようなものなのかを鮮やかに示している。バナナは，世界のあちこちで食べられている（ゆえに作品購入者が手に入れやすい）食材であり，輸出入に伴う南北経済格差問題をはらみ，なおかつ1960年代に大衆消費社会のイメージをテーマに，大量生産された商品や複製可能なシルクスクリーンで作品を量産したポップ・アーティスト，アンディ・ウォーホルが用いたモチーフでもある。カテランは，こうした背景や文脈を踏まえつつ，どこでも比較的容易に手に入るバナナをどこかの壁に誰かがテープで飾るだけで（美術館やアーティストが手がけずとも）「作品」になる，という構想自体を《Comedian》と題するアートにしたのだ。

　これはかたちのないコンセプトに，アーティストが作成した設置マニュアルとギャラリーが発行する証明書をつけると，高値で取引されて美術館に収蔵されるという，アートを価値づける制度やふるまいを嗤（わら）いものにするメタ批評でもある。さらに，ダトゥナのパフォーマンスと動画投稿をきっかけに，さまざまな人が「作品」をSNSにアップしてイメージが拡散していった状況は，「いずれ誰もが15分間は世界的な有名人になれる」というウォーホルの言葉が現実となった昨今の日常が，アートの文脈と結びつきながら可視化された出来事である。ギャラリー側がアピールしたように，その試金石としてカテランのアートを位置づけ，作品価値を見出すこともできるし，日常茶飯事になったイメージの模倣と拡散をなぞる手垢のついた表現だと一笑に付すこともできる。このように幾重にも文脈やイメージを重ね，人や物事を巻き込みながら，かかわる人それぞれにさまざまな感情や行為を引き起こすことが，同時代のアートの1つの特徴だ。

アートの語源にあたる古代ギリシャ語の
テクネーやラテン語のアルスは，「手
技・術」あるいはそれらに関する「知識」を意味する。ルネサン
ス以降，それまで神々の世界の物事でしか使われなかった「創
造」という言葉が，絵画や彫刻制作において用いられるようにな
り，18世紀半ばになると「美しい芸術／美術」の語がヨーロッ
パで定着した。

　フランス革命後，18世紀末にルーヴル美術館が開館して一般
に公開されるまでは，王侯貴族の美術コレクションや，好事家が
世界から集めた珍品は内輪で楽しむものだった。ルーヴルでは当
初から，国別作家別に時代順で作品を並べる展示形式をとり，観
客が作品に触れないよう工夫が施された。これが美術館の祖型，
すなわち作品を「見る」ことに集中し，地域や流派ごとに異なる
表現形式やモチーフの時系列的変遷をたどる場，の誕生である。

　20世紀に入ると，アーティストや美術館，批評家，ギャラリ
ー，コレクターなど，知識や価値基準をある程度共有する人や組
織から成る欧米のアートワールドが確立し，作品や展覧会とその
評価や市場価値が相互生成していく。一方で，既存の芸術や社会
のあり方を覆す新たなイメージを打ち出しながら，ジャンル横断
的に活動を展開するアヴァンギャルド（イタリア未来派，ダダなど）
や実験的取り組みも広がりを見せた。

　文化人類学が主な対象としてきた非西洋地域の仮面や装飾品な
どの造形物は，長らく道具や工芸としてアートから区別され，主
に博物館で収蔵展示されてきた。1980年代になると，ニューヨ
ーク近代美術館（MoMA）での「20世紀美術におけるプリミテ
ィヴィズム」展（1984年）をきっかけに，西洋の美術品と非西洋
の造形物を区別してきた制度自体を問い直す議論が活発化する。

西洋と非西洋の作品／造形物を並べてその類縁性を示した本展に対し，美術関係者の多くはアートや美の普遍性を見せる展示だと評価した。一方，一部の人類学者は天才たるアーティストの個人名を付した作品と，伝統の名のもと匿名の造形物を並置する形式が，アートに内在する植民地主義や西洋による非西洋の一方的な表象の暴力を示していると厳しく批判した。

　以後，グローバル化に伴って変わりゆくアート実践や作品の成り立ち，他者表象のあり方をめぐって，美術批評と人類学は互いに議論を深めていく。多文化主義の影響を受けた大規模な国際展や企画展では，多様な出自や背景をもつアーティストやキュレーターが活躍し，経済格差や移民難民問題，環境危機など，同時代の世界のありさまを批評的に描き出す表現が目立つようになった。

加速するイメージの拡張

このように，今日に連なる「美術」が生まれた西洋近代以降，かかわる組織や場所，作品テーマなどは次第に広がりをみせてきた。アートは美術史という通時的変遷だけでなく，同時代のさまざまな地域や分野の物事を参照する実践へとうつり変わってきたのである。さらに近年は，自由に歩いて回る大規模な展示や，偶然居合わせた人同士が行動を共にするしかけなど，かかわる人の存在や行為によって成立する体験型の作品も増えている。絵画や彫刻とちがって物として残すことの難しい作品が増えるにつれ，アーティストや参加者による動画や写真，コメントが重要な位置を占めるようになった。こうした記録類は，のちに幅広い人々と体験を部分的に共有する展示や出版物となり，作品の一部を構成する。

　一方，スマートフォンとSNSの普及に伴い，展示や作品のイ

メージが作り手のもとを離れ，思い思いに拡散していくようになった。海外の美術館やヴェネツィア・ビエンナーレをはじめとする大規模な国際展では，一部を除き写真撮影が許されていることが多い。日本でも 2000 年代から全国に広がった芸術祭やアートイベントを皮切りに，2010 年代に入ると美術館の企画展で作品を写真におさめる光景も珍しいものではなくなった。しかし，アートファンの裾野が広がった現在，SNS を介した写真拡散スピードと人の集中度は桁違いで，行列や大渋滞による混乱を巻き起こしている。さらに，作品空間を独創的な舞台に見立てた個人のポートレート撮影がさかんな展覧会など，作品がまなざす対象から背景へと置換する事態も出てきた。こうした状況は鑑賞環境の悪化のみならず，集客を見込める写真映えする作品の偏重に結びついたり，作品体験がすでに見知ったイメージの確認行為へと矮小化すると批判されている。これはアートがさまざまなかたちで広く開かれてきたことの弊害なのだろうか。

　忘れてならないのは，表現は常にそれを実現する技術やとりまく社会環境との関係性のなかから立ち現れるということだ。写真や映画が発明された 19 世紀以降，大衆消費社会の到来とともにまちなかに魅惑的で刺激的なイメージが広がっていくさなか，広告ヴィジュアルや有名な絵画を引用したり，断片を組み合わせて新たな意味や印象を与える手法は，先鋭的なアートの流儀だった。しかし，きっかけさえあればすぐにコラ画像やマッシュアップ動画の大喜利合戦が始まる昨今，それは批評性をもつ技法というより，ありふれたコミュニケーション手段といえる。バナナ事例において，ギャラリーが一連の騒動をアートの文脈と作品の領域内に位置づけ直したことと，アプリ加工や文脈操作を通じて，リアルとフィクショナルなイメージの次元を混淆する日常を生きる

人々が，アートを自らの領域に置き直すことの間に，是否や価値の上下をつけうるだろうか。

　前者の作品コンセプトの構成や騒動の回収の仕方が，美術史や制度的文脈を踏まえた批評性を保持するのに対し，後者は，作品展示の意図や文脈を踏まえた諧謔やパロディになっておらず，独創性に乏しいという見方はできる。しかし両者は，どんな表現やイメージのずらし方が巧みでおもしろいのか，何のためにそれを公にするのか，すなわち批評性や創意に対する評価基準，文脈の参照先や目的が異なるにすぎず，区別はできても優劣をつけることはできない。とはいえ，ふだんアートにかかわらない人や場を巻き込むことで，アーティストやキュレーターの期待する作品体験の広がりやネット上での宣伝効果が上がる反面，作品の成立要件や批評性，鑑賞環境など，既存のアートのあり方が問い直される事態が生じていることは確かだ。アートとそれを取り巻く状況は，同時代の環境や経験のあり方の変化と特異性を示す，1つのメディウム（媒体）でもあるのだ。

2 フィクションと現実の相互生成

社会モデルとしてのアート？

1960 年代，既存の社会／芸術制度（アーティストの感性と独創的な構想に基づく作品が，美術館や批評家など権威的存在による評価を得て，ギャラリーを介して市場で商品として売買される構造）を問い直す機運が高まるなか，参加や対話に重きをおくパフォーマンスやアートプロジェクトが盛り上がりをみせた。1990 年代以降は，同時代のグローバルな人や物事の関係性に焦点をおく参加型

の取り組みが、「ありうる人間関係のかたちや暮らし方」「解決困難な課題」に挑戦する術（社会実験）として、アートになじみのない人々を巻き込みながらさかんに行われている。

たとえば、《銃をシャベルに》（2008年〜）というプロジェクトにおいてペドロ・レイエスは、麻薬取引で発砲事件の頻発するメキシコの人々から銃を集め、溶かして作り直したシャベルを世界各地のチャリティ団体や学校に配り、植樹を行っている。1527丁の生命を奪う道具を育てる道具に変える行為は、現地に劇的な治安回復をもたらすわけではない。しかし彼は、モノを作りかえ用いるプロセスにさまざまな地域の人々がかかわるアートは、陰惨なモノや出来事が生命と可能性ある未来につながる過程を共有する術となり、社会変革に連なると述べている（レイエス 2018：156-159）。

日本でも大正昭和の時代から、新たな社会のかたちを摸索する前衛芸術運動が繰り返されてきた。バブル崩壊によるハコモノ批判と芸術文化制度の転換を経て 2000 年代に入ると、地方分権化の流れに伴って、幅広い人々の協働を重視するアートプロジェクトや、「町おこし」をめざす地方芸術祭が急増していく。その先駆的成功例とされてきたのが、筆者が 2008 年から調査研究している現代アートの国際展「越後妻有アートトリエンナーレ　大地の芸術祭」（2000 年〜。以下「芸術祭」）である。これは、市町村合併にむけて新潟県民の相互交流を促す広域文化事業として始まり、のちに「大地の芸術祭の里」という通年型アートプロジェクトへと移行した取り組みだ。

芸術祭の作品は、設置する場所の風土や歴史と密接に結びつくテーマや素材、技術に基づいて制作することが条件づけられている。よってアーティストや関係者らは、場所を探し回って交渉し

たり，地域のことや手仕事について住民に教わる必要がでてくる。それまで見過ごされてきた里山の景観や生活文化がアーティストに見出されて作品化されること，空家や廃校を展示空間として活用すること，作品づくりにおける住民との協働などが，地域資源を掘り起こし観光や産業，教育に結びつけるアート特有の術として価値づけられるようになった。地域の人や物事は「芸術祭の里」の作品やイメージの一部を構成すると同時に，それらとかかわりのない日常に根ざして存在している。

　場と密接にかかわるテーマやモチーフから成る芸術祭の作品は，地域にある物事や光景と部分的に似ている。一方で，場と同一化してしまっては作品として成立しない。タイトルやコンセプトに加え，周辺環境との素材や色の対比，配置，造形的な工夫や演出を通じて，ズレや異和感を周到に刻みこんでおく必要があるのだ。近松門左衛門が「虚実皮膜」という言葉で示したように，事実と虚構の間の微妙なところにこそ，芸は宿る。アーティストは，その場の物事にどのようにしてフィクショナルな要素やイメージを織り込み，異化するのだろうか。そして作品やイメージは，現実の人や物事にどのようにはたらきかけるのだろうか。芸術祭と地域の間にある「虚実皮膜」のさまざまな事例から，アートとは何か考えてみたい。

新しいお祭りをつくる　芸術祭が県事業から自立していく最初の10年間は，現代アートの祭典をいかに「新たな地域のお祭り」にしていけるのか，アーティストやスタッフと住民の関係構築が摸索された時期だった。たとえば，2003年にオーストラリアの作家アン・グラハムは，中里村（現十日町市）の名勝七ツ釜に伝わる大蛇伝説とアボリジニの虹の蛇伝説を

重ね合わせ，のべ400人ほどの地元参加者とともに屋外作品《スネーク・パス》をつくりあげた。その竣工式は，村の芸能協会の演劇や田代神楽を上演する七ツ釜大蛇祭とともにとり行われた。アーティストのコンセプトや取り組みと，住民の芸能活動や祭りを連接することで，つくられた作品を含む場そのものを「地域の物事／場」に転化させる工夫である。

　作品制作に協力した住民らが，自ら芸術祭と地元のお祭りを結びつけることもある。十日町市下組の休耕田につくられた古郡弘の《盆景－Ⅱ》（2003年）は，全身泥だらけで格闘しながらも遅々として進まぬ制作を見るに見かねた近隣の人や，泥遊びさながらに作業を楽しむ子どもたちが大勢集まって完成に至った。古郡さんが初めてその場に立ったときに感じた気配，「現実に失われた世界（地霊）をもう一度ひっぱり出したい」と思い描いたプランは，最大7メートルまで立ち上がった土壁に，スギの葉やカヤで屋根を葺いた巨大な造形物として現出し，来訪者や美術関係者の注目を集めた。

　会期後，作品が撤去される前に「作品の霊を大地に戻す祭りをしよう」と，住民らが提案する。かがり火を焚いてオカリナが演奏され，集まった人々はヨイヤサ（盆踊り）を踊って，作品との別れを惜しんだ。2009年，古郡さんは，新作の制作実現にむけた方策を筆者と検討するなかで「あのときは学校帰りとか畑の合間とか，どんどん人が来てくれるようになって，なんとかできた。最後はみんなでおくってくれて。あれ（《盆景－Ⅱ》）は地に（人が）動かされてできて，また土にかえっていった」と，しみじみ語っていた。当時の打ち合わせで彼は，越後妻有全域に自らの作品を点在させ，1つの大きな曼荼羅を描き出したいと構想していた。2003年の出来事は，アーティストが感じとった地霊の息づく世

界のイメージが作品として具現化するとともに，泥と格闘する人々それぞれのうちにある土地や場のイメージと共鳴したからこそ，自分たちにとってなじみ深いかたちで目にみえぬものをおくり出す行為へと結びついたことを示している。

還るところ アートは非日常的な体験ゆえに，立場やイメージの違いを越えて一時的にそれぞれの現実が交わるのだろうか。むしろ，アーティストが時間をかけて土地や人々に丁寧に向き合うことで，集落のありさまと作品世界のイメージが地続きとなり，互いに変わってゆくこともある。

加藤力さん，渡辺五大さん，山崎真一さんの3名によるアーティスト・ユニット力五山は，19人（2009年当時）が睦まじく暮らす山間の高倉集落を制作の舞台に選んだ。《還るところ》（2009年）は，「厳しい自然環境のもとで生きてきた人の来し方行く末に思いを至らせてほしい」との願いをこめ，3つのアプローチから構成された。1つは，高齢化の進む現状を集落の全景に描き込むバルーンである。2つめは，住民の方から50年ほど前のお気に入りの写真を預かって制作した大型ペインティング，そして3つめは，内外をアルミ箔で覆いつくした「銀河荘」での滞在体験だ。昼は静けさのなかで風にそよぐ木々の葉ずれや鳥の声に耳を傾け，夜は時を越えて光を放つ満天の星空に包まれる。

山に抱かれたすり鉢状の集落に点在する家々からは，住民の年齢に応じて色や高さを変えた鮮やかなバルーンが上がり，外壁には若かりしころの姿が掲げられている。早朝や夕方に集落をめぐる道を歩いていると，田畑に手をかける人々の今の暮らしぶりを目の当たりにすることができ，しみじみとこれからの日々を思わずにはいられない。幹線道路や他の展示場所から距離があるため，

力五山《還るところ》（2009 年）葬儀で集まった親族とかつて
の花嫁行列のペインティング（撮影：山崎真一　©rikigosan）

人が押し寄せるようなことはなかったものの，地域の方々からは
熱烈な声が多数寄せられた。アルミ箔の接着に用いたフノリ（蕎
麦のつなぎにも使われている海藻）を提供してくれた地元のへぎそ
ば屋さんは，「集落そのものが主役になってて，まわりながらち
ょっと涙でてきたり，本当によかった」と目を輝かせ，来るお客
さんみんなに絶対行くよう勧めていると語っていた。

　高倉だけでなく，自らの集落や暮らしの来し方行く末にまで想
像を広げることができるのは，アーティストが綿密に場をつくり
あげているからにほかならない。高齢化を示す数値や過去の写真
を「情報」として示すのではなく，バルーンやペインティングと
現実に暮らしている家々との色彩・イメージの対比，起伏の激し
い道を歩いてめぐる感覚，とりまく自然の体験などが折り重なる
よう，配置や仕掛けが配慮されている。会期中には，ある家で不
幸があり，葬儀のために一時的にペインティングを外して，体育
館脇へ移動させる必要に迫られた。集まった親戚の方々が，そこ
で嫁入りの光景を描いた別の絵画を見つけて，思い出話に花を咲

力五山《祭「還るところ」》（2012 年）高倉十二社神社の〈祭〉
に集まる集落の方々とその家族（撮影：山崎真一　©rikigosan）

かせるひと幕もあった。集落の出来事と作品が相互に結びつきな
がら，進行形でそのかたちを変えたのである。
　高倉の人々の作品へのかかわり方もまた，少しずつ変わってい
った。「年寄りしかいないから，協力はするけど手伝いはできな
い」。制作を始めるにあたって挨拶に回ったとき，集落の方々に
何度もそう念を押された。アーティストに食事や風呂を提供した
り，風の強い日にバルーンを降ろすなどサポートは十分だったが，
人々が制作や運営にかかわることはなかった。
　2012 年には，行事がなくなって久しい高倉十二社神社をメイ
ン会場とする《祭「還るところ」》が展開される。集落の入り口
から右手奥の神社へと，前作のペインティングが誘うように佇む。
お手製の大きな注連縄が飾られた鳥居をくぐると，苔むした不揃
いな石段と真っ赤なバルーンが出迎える。境内にはオリジナル絵
馬とおみくじの置かれた小屋，結婚式の絵画を配し，正面の神社
が銀色に輝く祝祭的空間がつくりだされた。家々にはそれぞれ異
なる注連縄が飾られ，お盆には思い出写真の絵画を背中にプリン

トした法被を着て，集落の方々とその親族が「祭」（アーティストが企画したイベント）に参加した。さらに力五山の設えた小屋で野菜を直売したり，境内の草刈りをするなど，高倉の人々の行為やつくったもの自体がアートの一部を成すに至ったのだ。

　以後も力五山は高倉に通い，芸術祭のたびに作品を発表し続けている。地域おこしとしての芸術祭で喧伝されるような経済効果や観光促進に結びついているわけでも，それが望まれているわけでもない。静かな集落で生じる変化にそっと寄り添いながら紡ぎだされるものやイメージは，高倉をさまざまな人にとっての「遠きにありて思う場所」に変え，各地の山間で暮らす人々への想像力をはぐくんでいる。

アートの道具化

芸術祭の作品制作やおもてなしで活躍する住民や来訪者が飛躍的に増えると，地方自治体や国内外諸団体がさかんに視察に訪れるようになり，アートイベントは各地に広がりを見せた。2010 年代以降は，「トリエンナーレ」「ビエンナーレ」「芸術祭」と名のつくものだけで120 以上，短期間の小規模なプロジェクトも含めれば 400 以上あるといわれている。ふだんの生活圏で出会うことのない人同士がアーティストとともに活動することで，各々が地域や社会状況に対する多様な見方やかかわり方に気づき，新たな活動や交流に結びついていく。こうした美学のもと地域おこしや観光，経済活性化の手段として安易に企画が乱立する状況を，「アートの道具化」として批判するアーティストや批評家も多い。地域のネガティブな問題を扱ったり，住民から批判されるような企画は実現しづらいなど，批評性を欠いたアートに片寄る点も問題視されてきた。参加型アートの作品としての質や評価基準をどこに据えるべきか

をめぐっては，グローバルに議論が続けられている。

不可避な「距離」が
もたらすもの

2020年2月以降，全世界で猛威をふる
うCOVID-19は多数の死者を出すとと
もに，外出禁止令やソーシャルディスタ
ンスの確保など，人々に大きな行動変容を強いる社会をもたらし
た。美術館や劇場などが数カ月の閉館や新作の公開延期を余儀な
くされた一方で，展示やコレクションの動画公開，ヴァーチャル
ギャラリーでの作品売買，オンライン演劇や遠隔実施のワークシ
ョップなど，さまざまな工夫が重ねられている。とはいえ，アー
ティストをはじめ幅広い分野の文化芸術関係者が危惧するように，
多くの人が同じ場や時を共有することが困難な状況下で，作品制
作や体験のあり方そのものが大きく変わろうとしている。

　さまざまな人々の協働やグローバルな移動によってこそ成立す
るアートプロジェクトや国際芸術祭もまたしかり，である。1990
年代以降，人や物の自由な往来を前提に立ち上げられてきた制度
や表現の数々は，今後，再構築されていくことになるだろう。メ
ディア環境が大きく変わっても，人や作品との直接的な対峙がも
つ価値がゆらがなかったことを思えば，表現者側，それを支え受
けとる側，それぞれに迫られている変化の大きさとたどる道ゆき
の厳しさは想像にかたくない。

3　複数の現実を照らし返すイメージ

100年を架ける大凧

こうした困難やアートのあり方が改めて
問われる事態を前に思い起こされるのは，

2018年の年の瀬，やまきわ美術館（十日町市上鰕池）のオーナーの招きで訪れた，とある展示とオープニングでの出来事である。

　やまきわ美術館とイスラエル大使館共催のアーティスト・イン・レジデンス企画で選ばれたのは，ユダヤの伝統的な切り絵技法を用いた凧を制作するペレグ＝ディションのプランだ。彼はイスラエル初の国立美術学校を設立したボリス・シャッツの書籍 *Jerusalem Rebuilt: A Daydream*（1918年）に記された近未来世界のイメージを起点に構想を立ち上げた。シャッツの著作には，ちょうど100年後の2018年，美術学校出身アーティストの作品を主軸商品とする経済システムを構築し（明治時代，日本の蒔絵や彫金などの工芸品が輸出品として欧米で高値で取引されていたことをモデルとする計画），平和なエルサレムの再建が果たされるというユートピアが描かれている。異なる現実を想像することに関心を寄せるペレグはその世界観に惹かれ，1カ月の滞在期間中，目についたものからアイデアを取り入れる直観重視のシャッツの方法論を用いて，作品を制作することにした。凧を選んだのは，それが現地における自由と希望の象徴で「現実離れした人」のメタファーであり，空飛ぶじゅうたんの心躍るイメージにも重なるからだという。

　美術館オーナーの福島さんは，受け入れ準備をすすめるうち，新潟県内に江戸時代から続く白根大凧合戦があることを知る。これは川の堤防改修祝いに飛ばした凧が対岸に落ち，田畑を荒らされた人が報復に凧を揚げて対岸に叩きつけたことに始まる，一種のけんか祭りである。ペレグは資料館を訪れて凧の組み立て方を教わり，以降，大凧に描かれた人物や筆致，構図を参照しながらドローイングの練習を重ねた。さらに，彼に紙漉きを教えた伊沢和紙工房の職人山本さんが，作品プランを聞いて100年前につく

られたまま蔵に眠る和紙の存在を思い出し，素材として提供することになった。

シャッツのユートピアを起点に，偶然手にした素材やモチーフを折り重ねるうえで，ペレグは構図や筆致，凧の造りは日本をベースに，描くストーリーとそれを取り巻く切り絵はイスラエルをベースに構成することにした。左上には神殿のごとく後光に包まれた美術学校と，聖書に出てくる最初の芸術家ベツァルエル

ペレグ＝ディション《What makes things fly》(2018) @ WAITINGROOM（東京）の大凧（撮影：やまきわ美術館）

（美術学校の名でもある），彼が手にした燭台の照らす先で対峙するのは，兜を頭に苦悩の表情を浮かべるシャッツ，まわりを取り巻くのは荒波である。そしてシンメトリックな切り紙細工が，物語と凧を繊細に優美にギャラリーの架空の空へとつなぐ。

消えゆくイメージと
現実の複数性

《What makes things fly》(2018年) は，大凧とそれを取り囲むように浮かぶ，真っ白な凧で構成されたインスタレーション（展示空間全体を作品とみなす表現手法）である。シャッツが思い描いた100年後のエルサレムの現実は，平和からはほど遠い。アメリカのトランプ大統領が大使館をテルアビブからエルサレムに移したことで，イスラエルとパレスチナの対立が激化したのだ。凧には火炎瓶が結びつけられ，パレスチナ側からイスラエルに投

下されている。「自由な空に楽しく揚げる凧が，武器として使われていることに自分は耐えられない。ユートピアへの道のりの厳しさを知ったシャッツも苦悩している。争いそのものを止めることは難しいけど，想像のもつ力を思い起こしてもらうことで，厳しい現実に抗って空に浮かぶことができるように。とにかくそう願ってこの凧をつくったんだ」。明るく軽快にしゃべっていたペレグの表情から笑みは消え，内奥から吐き出すような声で一気にこう語った。アートはありうる未来を想像する機会や実験場になりえても，現実そのものを変えることはできないのだろうか。

　アリストテレスは，現実を模倣する芸術は仮象（幻影）にすぎないという既存の考えに対し，芸術が現実の事物を超えた美を備える可能性を主張した。芸術や近代美学が西洋に出自をもつ以上，美は普遍的な概念とはいえないが，現実の物事から自在に羽を広げたイメージをたたえる造形物や物語は古今東西に存在している。ペレグの大凧の両脇を取り囲む白い凧は，参加者が水をつけた筆で自由に絵を描けるようになっていた。濡れた筆先のふれたところが黒くなり，乾くにつれて次第に筆致が消えていく特殊な紙でつくられたものだ。「消えるってところが大事。かたちは消えて，イメージが空にのぼっていく」。ペレグは真っ白な凧を眺め，集まった私たちを見渡して，そう結んだ。

　ギャラリーの真っ白な空間に広がるインスタレーションは，100年という時を隔てたエルサレムのユートピアと現実，パレスチナと白根の凧による諍（いさか）い，ユダヤの切り絵と和紙など，本来何らかかわりのなかった人や物事，イメージが折り重なり，共鳴しながら実在するものだ。画家のマックス・エルンストによれば，芸術の目的は「一見したところ対立的な性質をもった2ないしそれ以上の要素を，さらにそれらと対立的な性質をもった平面の上

で近づけること」（《シュルレアリスムとは何か》1934年）にある。レヴィ＝ストロースは彼の言葉を受けて，何ら縁のない2つの物の思いがけぬ結びつきが，第三の物との関係を通じて有縁性をもつことで，事物間の関係性そのものが変形することが重要だと指摘している（レヴィ＝ストロース 1979：149）。凧を介して結びつけられた数多のものやイメージは，イスラエルと日本それぞれ異なる時代にある物事や私たちの関係性を変え，現実の複数性をあらわにしてゆく。

　火炎瓶を結びつけて空に放たれるパレスチナの凧は，壁を越えてイスラエルにボヤ騒ぎを起こしている。一方，イスラエルが建造し，自由な往来と生活を妨げるパレスチナ側の壁では，バンクシーの描いた少女が風船でゆっくり空へとのぼっていく。自分に直接かかわる目の前の物事だけが現実なのではない。ペレグがいうように，消えゆくかたちと広がるイメージこそが凧を空に飛ばすなら，時と場を共有することだけがアートの魅惑や喚起力とはかぎらないのだ。

　むしろアートは，一見何ら縁がなく，矛盾や対立すらはらむ人や物事がかかわり合う共有地（ゆかり）をつくりだすことで，それらの関係性そのものを変成していく実践なのである。作品で直接，現実を変えることは難しい。されど，世界全体が対峙する不安定で未知なる時代状況のなか，イメージや関係性を思いもよらぬかたちへと組み替えるアート実践は，ありうる別の現実や複数的な現実の可能性を具現化することができるのではないだろうか。

ブックガイド

ヴァルター・ベンヤミン『ベンヤミン・アンソロジー』（山口裕之訳）

河出文庫，2011 年
●写真や映画など新たな複製技術の普及によって，変化しつつある大衆の感覚経験と同時代の芸術作品のあり方について論じた「技術的複製可能性の時代の芸術作品〔第3稿〕」をはじめ，「類似性の理論」「模倣の能力について」「翻訳者の課題」など，重要な論考がまとまった入門的な1冊。

ティム・インゴルド『メイキング——人類学・考古学・芸術・建築』（金子遊・水野友美子・小林耕二訳）左右社，2017 年
●人類学，考古学，芸術，建築の4分野に共通する「つくることを通じて思考する方法」について，大学で実施してきた講義やワークショップの経験をもとに論じている。つくることや物事を探究することとは何か，あるいは学びを通した自身の生成変化について考えるきっかけになる本。

箭内匡『イメージの人類学』せりか書房，2018 年
●著者は民族誌的フィールドワークに基づき，五感を通じた身体感覚や心に浮かぶ印象を含む，多層的なイメージ経験から人類学を組み直している。さまざまな身体や物質が交差する社会的な場で変化し続ける「イメージ」とその「力」を柱に，豊富な事例を交えて現代的問題にアプローチしており，人類学のおもしろさが体感できる。

第8章 食と農

（朝日新聞社提供）

　20世紀に消費文化の象徴であったデパートも斜陽産業と呼ばれるようになり，各地で店舗の閉店や廃業が続いている。そのなかで唯一健闘しているのが地下の食品売り場だ。色とりどりの食品が並べられ，おいしそうな匂いが鼻をくすぐり，歩くだけで気分がうきうきしてくる。

　コンビニでも事情は変わらない。全国のコンビニでは売り上げの65%を食料品が占め，なかでも弁当などの調理済み食品が売り上げを伸ばしている。コンビニやスーパーの弁当は便利なものだが，味が濃くて時々嫌になる。インスタントのラーメンや焼きそばもおなじで，味を際立たせるべく大量の添加物を加えているためだ。しかしこの添加物，健康に悪くはないのだろうか。

　ここでは私たちの身体と生命を支える食とそれを生み出す農について，世界的な観点から見ていく。

1 なぜ日本の有機農業は少ないのか

2種類の食パン

あるとき，実験をしてみた。スーパーで大手業者の食パンを買い，2枚重ねて机の上に置いておく。そのわきに，パン屋で買った無添加の食パンを2枚重ねて置いておく。3日もすると無添加のパンはカビが生えてくるのに，大手のパンにはカビが生えてこない。なぜだろう。

おなじことはハムについてもいえる。ハムと豚肉の薄切りは，原料はおなじだ。ところが豚肉のほうは冷蔵庫に入れておいても5日もすると色が変わり，ぬるっとした感じになる。一方，ハムのほうは密閉さえしておけば2週間たっても少しも変化がない。なぜだろう。

答えは食品添加物にある。ハムや大手の食パンには，酸化防止剤や保存剤などの添加物が入れてある。これがカビや菌の繁殖を抑えて，食品を長持ちさせ，見た目もよくしてくれるのだ。たしかに便利なものだが，ハムに加える発色剤は発がん性があることが確認されている。少量なら安全だというが，毎日食べるものであるだけに，健康に害がないか心配になる。

農薬の危険

健康といえばこんなことがあった。私たち夫婦は数年前に田舎に古い農家を買い，週末に農業をするようになった。高温多湿である日本の農業にとって，最大の敵はなんといっても雑草だ。雑草が成長する春から夏にかけては，少なくとも2週間に一度は刈り取らなくてはならない。ついつい除草剤にたよりがちになる。

あるとき，家のまわりに犬を放したことがあった。すると隣の奥さんが飛んできて，「おたくはこの前，除草剤をまいたでしょう。それなのに犬を放すなんてどういうことだ」と叱ったのだ。除草剤のパッケージには，数日で分解して無害になると書いてある。しかし隣の奥さんによれば，除草剤や農薬の影響で神経をやられたり，病気になった犬や猫が村にはたくさんいるという。わが家の近くには数軒の農家があって，みな小さな菜園で自家消費用の野菜を栽培しているが，どの農家も野菜に農薬をまいていないことをみても，いかに農薬に神経質になっているかがわかるだろう。

　この日以来わが家では，農薬や化学肥料を使わない有機農業で野菜を栽培するようになった。しかし，農薬や化学肥料を使わないと雑草や害虫にどう対処したらよいかわからない。そこで，神戸大学の保田茂名誉教授が主催する兵庫県の有機農業教室に通うことにした。

有機農業教室の教え

有機農業教室で学んだことはたくさんある。雑草は畑にわらや草を敷けばある程度ふせげること，害虫を退治するには農薬をまいてはいけないこと。害虫を食べてくれるカエルやクモ，カマキリなどの益虫を殺してしまうためだ。日本の農村部には臭いにおいを出すカメムシが大量にいるが，これも農薬で益虫が減ったためだという。それを学んでからクモの巣をとらず，カエルが繁殖するのに任せておいたら，カメムシはてきめんに減っていった。

　有機農業教室で習ったことのもう1つは，日本の農業は農薬づけ，食品は薬品づけということだ。一般に日本の農家は，稲を収穫するまでに農薬を8回まくといわれている。キャベツなどの葉

野菜はもっと多く，虫に食われると売れなくなるので，収穫までに農薬を 30 回まくこともまれではない。これでは，野菜を食べるのか農薬を食べるのかわからない。野菜は体によいというが，取り込まれた農薬が身体に害をなさないわけはない。除草剤や殺虫剤は草を枯らし，虫や小動物を殺すのだから，人間にとっても少なからず危険がないはずはない。

　有機農業教室で学んだことを，さっそくわが家でも実践した。畑に畝をつくり，化学肥料の代わりに牛糞堆肥と，米ぬかと魚粉を発酵させた「ぼかし」を入れる。その上に土をかぶせ，野菜の苗を植えつける。畝と畝，苗と苗の間にはわらや草を敷いて，雑草と害虫よけとする。驚いたことに数カ月たっても病気や害虫は発生せず，野菜はたわわに実り，土は耕したときのままにふかふかしている。土のなかに入れた「ぼかし」の乳酸菌が活発に活動して，悪い菌をふせぎ，植物と土を活性化させるのだそうだ。

　こうした農業の対極にあるのが，世界中で広く行われている農業である。日本の単位面積当たりの農薬や化学肥料の使用量は世界でも 1，2 であり，農薬の害は久しい以前からいわれているが，使用量は少しも減っていない。その結果，有機農地の割合は 0.2% にすぎず，世界でもっとも割合の少ない国の 1 つである（この数字は認定数であり，未認定のものも合わせると 0.5% とされている）。なぜ日本の有機農業はこんなに少ないのだろう。

有機農業の割合 日本の有機農業の割合を他国と比較してみよう。南北アメリカやオーストラリアの農業は農家当たり何百ヘクタールという大規模なものなので，北海道で 10 ヘクタール，他の地域で 2 ヘクタールという日本の農業とは比べても意味がない。比較的小規模なヨーロッパ諸国の

表 8-1　ヨーロッパ諸国の有機農地の割合（2016 年）

国　名	割合（%）
オーストリア	21.9
エストニア	18.9
スウェーデン	18.0
イタリア	15.5
ラトビア	14.3
スイス	13.5
チェコ	11.5
スペイン	8.7
ドイツ	7.5
フランス	5.5

（出所）　FiBL & IFOAM 2018: 44

農業と比べることにする（表 9-1）。

　この表を見ると，ほとんどの国が 10% 前後であり，日本より有機農業の割合が何十倍も大きいことがわかる。なかでも興味深いのは，農業の困難な山間地が多く，農家当たりの面積も狭くて，日本とよく似たオーストリアやスイスで有機農業の割合が高いことだ。条件がほぼ同じなのに，有機農業の割合がこれほど違うのは何が原因なのだろうか。

　答えは，環境意識が高いことと，農業者に多くの補助金を支給する政策にある。EU（欧州連合）やヨーロッパ諸国は有機農業を環境保全活動の一環として位置づけ，多くの補助金を支給している。EU と各国の補助金が農家の手取り収入に占める割合は，フランスで 45%，ドイツで 55%，オーストリアやスイスでは 80% を超えている。この数字は平均であり，有機農家の場合には割合はさらに高くなる。有機農業が発達するわけだ。

| 農業の多面的機能 | EUやヨーロッパ諸国は，なぜ農業にそれほど多額の補助金を投入しているのだ |

ろうか。むしろこう尋ねたほうが正確かもしれない。農業者だけにそれほど多額の補助金を支払う政策は，どういう理由で正当化されているのだろうか。

　農業者は農産品を生産し，販売することで生計を立てているのだから，その活動は生産活動であり，自動車や機械を生産することと違いはない。どちらも同じ生産活動だと考えたなら，農業分野にだけ多くの補助金を投入することは正当化されないはずである。しかし，農業には他の産業分野にはない機能があり，そのことが評価されて高い補助金が支払われているのだ。

　日本でもヨーロッパでも人口の大半は都市部に住んでいるが，国土の大半は森や原野や田畑である。林業も含めた農業がもし存在しなかったなら，山や平地の管理はできなくなり，国土は荒れ，景観は破壊され，降った雨は木や草に蓄えられることなく川に流れ込んで洪水を引き起こすだろう。そのうえ，都会から離れた地域の経済は立ち行かなくなり，人々は農村を捨ててしまい，広大な土地が荒れるにまかせられるだろう。

　その意味で，農業は単なる経済活動にすぎないわけではない。それは環境を保全し，景観を美しくたもち，地域社会を維持し，地域経済を活性化するのに貢献している。このように農業にはさまざまな機能があるのであって，これを「農業の多面的機能」と呼ぶ。EUの農業政策の基本にあるのはこの考え方であり，それに沿って農業分野に多くの補助金を投入することが正当化されている。もし国や地方公共団体がそれらの機能を担うとしたら莫大な予算が必要になり，農業者はその職務を肩代わりしているのだから，支払いをして当然だというわけだ。とりわけ土壌や水質を

悪化させない有機農業は環境保全に貢献しているとして，多くの補助金が支払われているのである。

　実はこの農業の多面的機能の理念は日本でつくられたものだ（嘉田 1996）。ところが日本の農業政策は，外国の農産品に対抗するために生産コストを下げることを重視するあまり，健康によい農産品を増やすにはどうしたらよいか，環境保全に貢献するにはどういう農業が必要か，といった視点を失ってしまった。価格の競争になったなら，規模が 100 倍も違うアメリカやオーストラリアの農業に太刀打ちできるはずはない。その結果，日本では農業は遅れた産業とみなされ，農業への関心や評価は低下してしまった。農業は魅力を失い，後継者はいなくなって，農業者の平均年齢 67 歳という明日のない状況に陥ってしまったのだ。

2 農業による環境保全

豊かな農業を維持する
仕組み

　　　　　　　　フランスやスイス，オーストリアなどの農村地帯は，手厚い保護が行われていることもあり，今日も豊かな景観を目にすることができる。とはいえ，最低賃金の高いこれらの国ではコストがかかり，外国から輸入される安い農産品に太刀打ちできない。そのコストを下げさせるために，EU や国は農業者に多額の補助金を支給しているのだ。他方で，こうした農業者への保護は消費者にとってもメリットがある。安全な食品を比較的安価に手に入れることができることに加え，自然と調和的な農業は環境を保全し，景観を美しくたもつのに貢献しているためだ。

　こうした補助金や各種の制度に守られることで，フランスは工

業国であると同時に「農業大国」と呼ばれ，「美食の国」と呼ばれている。2016年のフランスの農産品の輸出額は日本円で9.2兆円，化学製品と自動車につぐ第3位の地位を占めている。何より農産品は自動車や電気製品と違い，原料も自給可能なので，利益幅が大きくなる。また，食材の豊かさが料理の豊かさを可能にしていることはいうまでもない。フランスは世界で一番外国人観光客の多い観光大国だが，それもおいしいフランス料理と，農業がつくりだす景観があってのことだ。その意味で，農業はフランスの経済と社会を支える基幹産業なのである。

　残念なことに，日本の現状はその正反対である。2016年の日本の農産品の輸出額は8000億円，輸入額は9.4兆円で，差し引き8兆6000億円のマイナスである。フランスと比較するなら，いかに日本の農業が絶望的な状況にあるかがわかるだろう。日本は戦後，米の生産量を確保するために国が高い値段で米を買いあげてきた。ところが米の消費が減り，国の負担が大きくなって制度を維持できなくなったので，1970年に水田の一部で稲作を禁止し，差額を農業者に補填する「減反制度」を開始した。その結果，日本の水田面積は1969年をピークとして，50年後の今日では半分になってしまった。

　この政策は明らかに間違いであった。水田が放棄されて農村の荒廃が進んだだけでなく，農業者は何も栽培しなくても差額が補填されるので，土地を手放そうとしなくなった。そのため，熱心な農業者が放棄農地を購入しようとしてもできなかったのだ。減反ではなく，飼料用作物等への転換に対して補助金を出す政策がとられていたなら，日本の農業は今でも活力をもっていただろうし，飼料を含めた農産物の輸入があれほど多くなることもなかっただろう。日本の農業を危機的状況に追いやり，食料状況を貧し

くしたのは，将来展望をもたない戦後の農業政策であったが，なかでも減反は最悪のものであった。

| コウノトリを育む農業 | とはいえ，日本の農業にも光がないわけではない。健康によく，味覚もすぐれた

農産品をつくろうとする試みは各地で生まれている。ここで兵庫県豊岡市の試みを見ていこう。

　湿地の多い豊岡市はコウノトリの生育に適しており，戦前には100羽以上が見られていた。ところが，戦後の乱獲と沼や小川の埋め立て，農薬の使用によって餌である魚や小動物や昆虫が減り，コウノトリは絶滅してしまった。その後，つがいのコウノトリをロシアから導入して人工繁殖が試みられたとき，豊岡市がその候補地として選ばれたのだ。

　人工繁殖が成功して個体数が増えると，次の課題はコウノトリを自然に返す野生復帰であった。そのためには，肉食鳥であり，大量の餌を食べるコウノトリのために餌場が必要である。ところが，沼や小川は埋め立てられていたので餌場としては十分でない。そこで，有機栽培を推進することで水田を餌場にすることを県と市は考えた。とはいっても，農業者は農薬や化学肥料の使用を当然と考えていたので，有機農業への反対は予想以上だった。今では有機農業のリーダー格である成田茂雄さんも，強く反対した1人であった。「なぜ自分たちがコウノトリの犠牲にならなくてはならないのか」と，彼は農業指導員に強く抗議したのだった。

　県の農業指導員である西村いつきさんと一部の農業者の試行錯誤が始まったのはそれからだ。彼らは2002年から有機栽培をはじめ，各地の有機農業地域に出かけて技術の習得につとめた。今では「コウノトリ育む農法」と名づけられる技術を確立するには

数年かかったが，その骨子は次のものだ。冬の間，田に水を張ることでイトミミズなどを繁殖させ，泥と混じった有機物の層をつくり，雑草の繁殖を抑える。田植時に普通の水田より深く，長期間水を張ることで，雑草のヒエを水圧で生えなくさせる。雑草と病気の発生をおさえると同時に，カエルやミミズなどが大量に生育する水田が完成したのだ（西村 2015）。

農業者の誇り

この技術は農薬や化学肥料を購入する必要がないので，生産コストを低くおさえることができる。しかも，地域の農協は有機農業に協力的であり，無農薬栽培の米を普通米の約2倍，減農薬の米を1.5倍の価格で買い上げてくれる。成田さんの試算によれば，農薬や農業機械の維持費などの生産コストを引いたヘクタール当たりの収益は，普通米で7000円，減農薬米で59.2万円，無農薬米で79.5万円という違いになる。彼の家では親から受け継いだ1ヘクタールの水田に加え，栽培しなくなった農家から田を9ヘクタール借りて無農薬で栽培しているので，農業だけで十分食べていけるというのだ（竹沢 2019）。

それに加えて，特別天然記念物であるコウノトリの保護に貢献している，無農薬で健康によい米をつくっているなど，農業に対する自信と誇りも生まれている。成田さんの仲間のある農業者は次のように語っている。「私は実家を継ぐためにサラリーマンから農業に転職したが，農業に自信をもてず，いつ辞めようかとずっと思っていた。でも，体のためになる農業ができるようになって自信も出てきた。子どもにも継がせたいと思っている」（西村 2015）。利益を生むことも大事だが，自分の仕事に自信と誇りが生まれることも劣らず重要である。それがなければ，農業に人生

を捧げることも，仲間をつのることも，できないだろうからである。日本の農産品は高い，農業は技術革新が必要だと，農業者は批判ばかりされてきた。そのため，日本の農業者は自信を失い，後継者は育たず，危機的状況に陥ってしまったのだ。

　一方，市をあげて有機農業に力を入れている豊岡市では賛同者が増えており，若い後継者が生まれ，新規就農者が増えるなど，農業は活況を呈している。2017年の時点で，全耕地面積中，有機栽培が135ヘクタール（4.2%），減農薬栽培とあわせて407ヘクタール（12.8%）と，日本でもっとも有機栽培の盛んな土地の1つになっている。

　こうしてみると，有機農業はいいことずくめのように見える。しかし，それに制約があるのも事実である。1つは，化学肥料をもちいないと単位面積当たりの収量が減ることで，成田さんの話では収量は約2割減になる。もう1つは，有機農業は技術が難しいうえに，手間が数倍かかることだ。有機栽培の米や野菜の価格が高くなるのはそのためであり，有機農業が経済的にはメリットがあることが認識されていながら，兼業農家はそれに参入したくてもできないなど，普及に制約がある理由はそこにある。そうしたことから，有機農業は万人に普及可能なものではなく，一部の富裕層のためのブランド品にすぎないという批判も生まれているのだ。

アフリカの農業と「緑の革命」の功罪

こうした批判は正しいのだろうか。この種の批判は主として，農薬や化学肥料の製造や種の改変を行う大企業から寄せられており，それによれば，化学肥料や農薬は農産物を安く多くつくるのに貢献している。一方，有機農業は手間がかかるし価格が

高くなるので、食糧危機が叫ばれる現代には適していないというのだ。この種の批判が正しいか否か、しばしば食糧危機に見舞われるアフリカの事例を見ながら検討していこう。取り上げるのは、私が長年にわたって調査している西アフリカのマリ共和国である。

　最初に、作物の生育に必要な肥料についてみておく。主要な肥料は窒素、リン酸、カリの3要素であり、窒素が工業的に製造されて化学肥料が普及したのは20世紀になってである。その製造を行ったのは、日本のチッソやアメリカのモンサントといったアグリビジネス企業であり、とりわけ後者は作物の品種改良にも力を入れ、ハイブリッドと呼ばれる高収量品種をつくりだした。この、化学肥料、農薬、ハイブリッド種の3点セットは大量に製造され、いわゆる先進諸国だけでなく、1960年代以降は発展途上国にも導入されて、東南アジアや南アジア、南アメリカで「緑の革命」と呼ばれる食糧増産に成功した。

　この3点セットはアフリカにも導入されたが、あまり成果はあがっていない。その理由は諸説あるが、考えられる理由の1つは、アフリカに多い灌漑施設などの整っていない乾燥地域では、化学肥料やハイブリッド種の効果が十分に発揮できないことだ。マリ共和国は乾燥地帯に属し、3点セットは高価なので、穀物の栽培には利用されていない。3点セットが活用されているのはコットン栽培であり、それが導入されて以来、マリ各地で農業者は目の色を変えてコットン栽培に力を入れるようになった。それが普及した1990年代以降、マリはアフリカでも1、2のコットン生産国になったのだ。

　たしかにそれにはメリットがあり、生産量を大きく増やして、農村部の生活水準の向上に貢献した。それまで現金収入の手段のなかった人々が、コットン栽培を手掛けることでまとまった資金

を入手できるようになったのだ。それにとどまらず，現金収入の道ができたことで，地方の住民は都市や外国に出稼ぎに行く必要がなくなった。地域経済と地域社会がコットン栽培によって安定するようになったのだ。

　反面，そのマイナス面も今では明らかになっている。もともと土地のやせたマリの大地はコットン栽培によって疲弊し，大量の化学肥料の投入によって土地は修復不可能なほど荒廃している。そのため，農業者は2，3年で耕作地を放棄して，新しい土地へ移ることをくりかえしており，あとに残るのは2度と栽培のできない広大な荒れ地である。

　マリの中央部を流れるニジェール川流域の集落は，考古学発掘によって2000年以上の歴史をもつことが知られている。その流域では川の自然氾濫と家畜の糞を組み合わせることで，2000年にわたって持続可能な農業が行われてきた。それに対し，大量の化学肥料や農薬を投入する現代の農業は，数年で土地を疲弊させ，荒廃地を生み出しているのだ。

　手作業でコットンを栽培するマリであれば，その影響は限定的といえるかもしれない。しかし，アマゾンの森林を伐採して大規模な農業を行っているブラジルや，長年の農薬や化学肥料の大量投入によって耕作不能地帯が広がっているアメリカでは，事態はより深刻である（菅 2018）。目先の利益を上げることを目的とした，大量の化学肥料と農薬とハイブリッド種を活用した農業は，今日では日本を含めた世界中に広まっている。地球上の多くの地域で，農業は環境保全ではなく，環境破壊の一因になっているのであり，短期的には収量の増加に貢献したとしても，長期的には経済的にもマイナスなのだ。

3 グルメブームとスローフード

マクドナルドとスロー
フード

このように世界中で農業の画一化が進行するのと並行して，食の世界でも均一化が進んでいる。たとえばマクドナルドは，アフリカでもヨーロッパでも日本でも，どの都市に行っても店舗がある。どこでも安価な価格で，そこそこおいしいものが食べられるという点で便利なものだ。パンの大きさ，肉の重量，焼き加減，ポテトの量，ソースの味，さらに店員の応対にいたるまで，すべてがこと細かに決まっており，各店舗で変更することは許されない。そのため，世界中どこに行ってもおなじような味と品質のハンバーガーを食べることができるのだ。

このようにすべてを規格化し，それをマニュアル化することで，世界中におなじような味覚と行動様式を輸出しようとする試みを，アメリカの社会学者ジョージ・リッツアは「マクドナルド化する社会」と名づけている。たしかにKFCであれピザハットであれスタバであれ，アメリカで生まれた食の形態は，規格化と効率化と管理化を徹底する一方で，巧みな宣伝力によって世界中に同じような行動様式と味の嗜好を広めてきた。今では世界中で見られるコンビニも，マクドナルド化現象の1つといってよいだろう。それを支えるのはやはり規格化と効率化と管理化だからである。

一方，こうした食の規格化の対極にあるのが，1980年代以降イタリアで盛んになり，その後世界中に広まったスローフードの試みである。実際，スローフードがはじめて運動として提唱されたきっかけは，オードリー・ヘプバーン主演の映画で有名なロー

マのトレビの泉の脇にマクドナルドの開店が告げられ，反対運動が生じたことだといわれている（リッツァ 1999）。

スローフードとは，可能なかぎり地元の食品をもちい，すべてを手づくりで，作り手の創意工夫を重視し，みなと語りあいながら時間をかけてゆっくり食べるというものだ。地元の産品を入手するには生産者とのつながりが必要なので，スローフードはたんなる料理人と消費者の運動ではなく，農業者も巻き込んだ運動である。こうしたスローフードの賛同者は，マクドナルドを目の敵にする傾向がある。それは，利益を追求するあまり食の安全に配慮せず，消費者に画一的な味を強制しているというのだ。たしかにそうした批判は一面の真実をついているが，そこまで目くじらを立てる必要はないだろう。もし世界の食がハンバーガーだけになるようであれば私も抵抗するが，世界の食の片隅にマクドナルドがあったとしても悪いわけではないからだ。

実際，グローバル化の進行とともに食の画一化が進んだのは事実だが，その反面，中華料理や朝鮮半島のキムチ，日本のスシ，イタリアのパスタ，メキシコのタコスといった各国料理が，どこでも簡単に食べられるようになったのも事実である。私たちの日々の食生活は，そのおかげでずいぶん豊かになったのだ。

グルメブームの陰で

今日，テレビでグルメ番組のない日はないし，雑誌にグルメ記事のないこともない。おいしいものを食べたいという欲求は誰にでもあるし，おいしいものを食べたときの喜びは他に代えがたいものがある。口のなかで広がる肉汁や新鮮な野菜の味。料理ができたときの心をそそる匂い。マグロの赤身と大根のつまの白さ，そしてワサビやネギの緑。食事は味覚と嗅覚と視覚を刺激し，さまざまな感覚を共

鳴させる。それは人間に栄養を与えてくれるだけでなく，大きな喜びを与えてくれる点で，生きていくうえで欠くことのできないものだ。

　とはいっても，もし私たちが食の喜びを味覚や嗅覚だけに限ってしまったなら，大きな間違いだろう。近年では1人で食事をとる機会も増えているが，それは人間の長い歴史において例外的なことであり，食事は本来，人と人を結びつけるものだからである。

　言語や道具や衣服など，人間を他の動物から分けるものはたくさんあるが，調理のための火の使用も人間と他の動物の間の大きな違いの1つである。もし調理をしないで生で食べるのが普通であったなら，人間は共に食べることも，食物を分けあうこともなかったかもしれない。調理には手間と時間がかかり，一時に完成するからこそ，人間は一緒に食べるのだろう。狩猟採集民の間では一般に調理に手間をかけないが，食物の分配や共食のしきたりは細かく規定されていることを考えると，手の込んだ料理をつくってできた料理を一緒に食べることは，食の決まりごと（テーブルマナー）の一種といってよい。アフリカの多くの社会では，1人で食べることは忌避され，1人で食べる人間は妖術師として告発されることもある。食事は共に食べるものであり，共に食べることで人々の間のきずなを再確認させると，人間の社会は遠い昔から考えてきたのだ。

食べることは私たちの内なる自然を再確認すること

食べることが結びつけるのは人間だけではない。それは，自然との相互行為によって生まれる食物を人間の体内に取り込む行為だという点で，私たちを自然に結びつける。そして，そうした自然とのつながりが維持できなくなったなら，私たちは生存

することさえ不可能なのである。その意味で，食べることは，私たちが自然に多くを負っていること，私たちは完結した存在ではなく，食物という異物を（私たちとは違う存在を）取り込まないでは生きていけない存在であることを，再確認させる行為なのだ。

　近年の研究によれば，私たちの体のなか，とりわけ腸の襞のなかには乳酸菌をはじめとする菌が無数にいて，食物という異物を消化吸収することを助けてくれている。病気を治すために抗生物質を大量にとると体調がおかしくなるのは，腸内の菌も殺してしまうためだ。同じように地中の根には細かい根があり，そのまわりには多くの菌がいて，植物が地中の栄養分を吸収するのを助けている。農薬はこの菌を殺してしまうし，化学肥料はかたよった栄養を与えて，菌が調和的に働くことを阻害してしまう。このように人間の腸と植物の根は同じような働きをもち，さまざまな菌と共生しながら，養分を吸収して生命を維持しているのである。私たちは自分で考えている以上に，自然の要素に満たされた存在なのだ（モントゴメリー＆ビクレー 2016）。

　人間が自然に満たされた存在だとすれば，自然の破壊に手を貸してよいはずはない。食べることの楽しみはもちろん重要なものであり，おいしい料理をつくるために努力し，それを味わうことで得られる喜びは，人間にとって最大の幸福の１つである。ただ，それだけでなく，どのような食物を，どのような手段で入手するか，誰とどのようなかたちで食べるかにも，関心をもつようにしたいものだ。

　私たちはこの章で，採れたての野菜を口にできる，有機農産品を入手できるといった食材の多様性の確保には，各国の農業政策が大きく影響していることを見てきた。その意味では，どのような食事をし，どのような食物をとるかは，少なからず政治的な行

為なのである。

ブックガイド

中尾佐助『栽培植物と農耕の起源』岩波新書，1966 年
　● 50 年も前に書かれた本で，今の時点では修正すべき点はいくつかある。ただ，世界中の農業の起源と発展を壮大に描いた書物としては，この本にまさるものはない。こういう本を書きたいと，いつも願っている。

ジョージ・リッツァ『マクドナルド化する社会』（正岡寛司監訳）早稲田大学出版会，1999 年
　●マクドナルドを対象に，食生活だけでなく，社会のさまざまな次元で規格化とマニュアル化と管理化が進行していることに警鐘を鳴らした書。規格化やマニュアル化といえばマクドナルドだけでなく，コンビニもそうであり，規格化が身体化されるとどうなるかを描いた村田紗耶香の『コンビニ人間』（文春文庫，2018 年）もお勧め。

デイビッド・モントゴメリー＆アン・ビクレー『土と内臓──微生物がつくる世界』（片岡夏実訳）築地書館，2016 年
　●有機農業をはじめた 2 人の著者が，あれこれ試行錯誤しながら理解した土と人間の関係についての本。土と食物の関連，動物の腸と植物の根毛の類似性など，私たち人間が自然の大きな循環のなかの一部であることをあらためて知らせてくれる。

（アフロ提供）

　私たちがこだわり続ける「自分」は，自明に思えるけれども自明ではない。たとえば，詩人ランボーは「私とは一個の他者である」という言葉を残したが，この主張は最近の神経科学によって裏づけを与えられつつある。私たちが自分を振り返るときに活性化する脳の部位は，他人の考えを検討するときに活性化する部位と同じであり，自己のイメージと他者のイメージは同じデータベースに蓄えられている，というのである。あなたにとっての別な人物，無縁に見える人々は，意外なところであなたの「自分」につながっている。その意外なつながりをみつけるときに，きっとあなたの知らない自分が現れるのではなかろうか。

1 誰もが自分ネイティブ

　「自分」という大切なテーマは，実は人類学ではあまり取り扱われていない。人類学者は調査対象の人々の言葉からは距離を置いて，「主体」「人格」「自我」のように一定の理論に乗せやすいテーマを選ぶ傾向がある。けれども，私たち日本語のネイティブにはせっかく身近で重要な「自分」という言葉があるのだから，これをテーマに設定してみよう（ちなみに「自分」を英語に訳せば，I とか me とか myself といった表現になるだろう）。

　のっけから悪いが，自分とは実に厄介なテーマだ。その代表として，自分は本当に存在するのかという難問がある。デカルトは自分がたとえ夢の中にいても悪霊に欺かれていても，「私は存在する」ことは真であり続けると確信した。夢を見る私，欺かれる私が，存在しなければならないからである。しかし，夢を見る私，欺かれる私は，はたして「私は存在する」を確信する私と同一なのか。一次元低い場所の私が一次元高くに位置する私によって存在を保証されても，その高い場所の私の存在が保証されたわけではない。自分がいるという証明は，もう 1 つ次元を上げた自分へと委ねられるわけで，この場合にも 2 つの自分が同一なのか，連続するのかという問題がついてまわる。

　「私は存在する」ではなく「私は何であるか」をテーマにすると，さらに面倒になる。デカルトは自分が考える間は自分が存在すると主張して，精神としての自分を掲げることができた。しかし，生物学や認知科学が発展し，これらと連動する哲学が急展開する近年では，こんな単純な結論は支持しにくい。自分という存

在が何らかのかたちであらかじめ実在するわけではないとの知見が共有されており，自分とは自己複製作業の一帰結にすぎず，もっといえば認知錯誤でしかないという見方さえある。ちょうど記憶が固定したストックではなく，想起のたびに再構成されるのと同じように，自分は「自分」という名で招集をかけられることによって再構築され，どうにか存続していくらしい。

　もっとも，本章はこんな話を詳しく紹介する場ではない。自分が存在してもしなくても，読者にとってはとにかく大切なものであり，それでいて自分で扱えないほどに面倒な対象のはずである。そういう自分とよりよくつきあえるように，そのためにどんなつきあい方がありうるのかを学んでもらえるように，この章が書かれている。

　まずは，自分のあり方を違う視点から見直すために，2つの事例を引いてみたい。1番目は，私たちとともに暮らしている「自閉スペクトラム症」に分類される人々であり，いわゆる知的障害と認められないタイプの自閉症を特に紹介する。2番目は遠く離れたパプアニューギニアの諸地域から報告された人々で，彼らは「霊」とともに生活している。

2 自閉スペクトラム症と診断される人々

ずっと「普通」になりたかった

自閉スペクトラム症がどれだけ適切な分類かはわからないが，この範疇に属する人の自伝や経験談は日本語でもいろいろと読むことができる。私はすべてを読んだわけでないし専門家でもないので，ここでの議論に関心をもつ人はたとえば内海健

『自閉症スペクトラムの精神病理』(内海 2015) と比較して検討してほしい。私が読んで一番わかりやすかったのは、スウェーデンの女性グニラ・ガーランドによる『ずっと「普通」になりたかった』(ガーランド 2000) なので、この本を中心にして、自閉スペクトラム症と称される人々の多くが共有する自分のあり方について考えてみたい。健常者の思い入れを勝手に押しつける危険を冒すことは、十二分に承知している。

　自閉スペクトラム症は「患者」の数だけ症状が異なるので、一般化など無謀な企てかもしれない。それでも自伝から伝わるのは、彼らが自分を普通の人間、正常の人間、本当の人間ではないと感じて、何とか人間らしい人間になろうと努めて苦しむ姿である。それは自分の考えや言行が周囲の人々からつねに批判されてしまい、その批判の内容をどう解釈すればよいのかがわからないし、自分なりの理由を説明しようにも適切な言葉がみつからない、といった事態の積み重ねによって生まれる。

　たとえば、グニラの幼少期に両親が喧嘩して母親がトイレで泣き崩れると、グニラの姉は頬に赤い斑を浮かべてすぐにドアをノックして、妹にも同じ反応を要求した。グニラはそうしようと思ったが、いつノックすればよいのかがわからなかった。練習を重ねるとできるかもしれないが、いろいろな人が自分に言うように自然に反応しなければならないらしい。自分はいつも、今ここで何をすべきかを頭で考えて解決する。すると、姉の反応は実用性が乏しく論理的な根拠もないように思えるが、きっと彼女のほうが正しいのだし、自分には何かが決定的に欠けているのだろう。そう。私は母親を愛そうとしない、ひどい人間なのだ。という具合である。

　自閉スペクトラム症と診断される人はしばしば、他人の表情や

仕草や言葉をどうとらえるべきかで悩む。一生懸命に考えて対応しても、「そうだね」と裏書きしてもらえることがない。グニラの例を挙げれば、「元気？」と声をかけられると自分の健康状態を説明するのに苦心する。「電話番号をうかがってもいいですか？」ときかれると「いいです」としか反応できず、「お電話番号は何番ですか？」と問われるまで番号を伝えようと思わない。彼らなりに精一杯の対応をし、1日の終わりにはくたくたになっても、横着で傲慢で思いやりのない人間として非難される。

欠陥か才能か

総じて彼らは、目にする事象を鮮明に克明に記憶し、耳にする言葉を正確に理解するあまりに、微小な差異にとらわれて、曖昧な表現を判断できない傾向にある。教室にいるクラスメートの顔は校庭での顔と異なるから、グニラには誰が誰だかわからない。比喩的ないし婉曲的な言い方をされても、そのまま素直に受け取るか、苦心して解釈をするしかない。彼らには「表と裏」や「外観と内部」という発想自体が縁遠いらしく、この観念を理解できたときの衝撃を記すことが多い。自分にもみんなと同様に背中があると気づいたとき、あるいは、他の家にも自分の家のような壁や部屋があり家具が置かれて人が住んでいる、と発見したときの驚きである。

　彼らの感じ方と思考法は、多くの人にとって欠陥として映るのと同時に、大変な才能として現れることもある。幼少のグニラはアコーディオンが大好きだったが、誕生日に玩具のアコーディオンをもらうと、それをアコーディオンと認識できずに大人たちをがっかりさせた。私たちが意識もせずに行う範疇化や一般化は、彼らにとってなじみにくい。そのかわりに彼らは、1つの事物、1つの言葉に関する感覚が鋭敏であり、個物の間の関係を記憶し

たり，正確に把握することが得意である。難解な本をすべて暗記したり，ジグソーパズルの何千のピースから必要な1個を探し出すことも珍しくはない。彼らは過去の経験を一般化して結果を予測するのが苦手で，予測しない事態に対処するのも困難なので，安定してスケジュールどおりに進んでいく生活を求め続ける。けれども，それは既存の考え方に流されずに自分で熟考して行動しようとする姿勢と結びついており，他人の受け売りではなくつねに自分の意見を述べることができる。言葉遣いは厳密で形式張っているが，単に理屈っぽいのではなく，難解な語感を味わいながら想像力の溢れる文章をつくることができる。こうした才能のために学校の教師からは，できるはずの怠け者，嘘つき，頑固者と判断される場合がままある。

| 自他の思考と感情 | 自閉スペクトラム症と診断される人々が，自分は人間の格好をした非人間なので本 |

物の人間らしくなろうと努力するのは，その障害が一般的に認識されないままに少数者であり続けることによる。特に自分と他者との思考や感情をめぐる関係は，彼らを戸惑わせて苦労させる大きな要因となる。グニラにとって他人の思考はよく説明されるとわかるが，自分の思考に影響を与えるものではない。他人の感情に関してはわからないし，仮に共感しあう人々をみても，一種の混同が生じて感情的になっているように見える。要するに，他人の思考・感情と自分の思考・感情は無関係なものであり，必要のある場合に伝え合うように努めればよい，と考える傾向が見うけられる。

　マジョリティーとの違いは，何といっても他人に自分の感情がわかるか否かが重要と思えないことではなかろうか。この点は，

彼らに特有ともいえそうな感情の位置づけと関係する。たとえば，グニラは自分の感情を自然に表現できず，いちいち意識的にとりだしては言語へと変換する作業を繰り返すのだという。日本人の藤家寛子は，次のようなわかりやすい解説を与えてくれる。

　　きっと，自閉症の人々の中にも「感情」はあると思うの。私は「寂しさ」や「辛さ」というものを確かに感じていたから。でも，名称と内容が結びつかない状態で生活をしていた私にとって，「感情」はないものと同じだった。［中略］普通の人は，名称がA群で内容がB群だとするなら，正解が書かれた紙を持ち合わせて生まれてくる。だけど，自閉症の人々は，たとえ紙を持っていたとしても，答えが書かれていないから，長い間経験を重ねて自分で結びつけなければいけないの。（藤家 2004：52）

　いわゆる健常者が「正解が書かれた紙を持ち合わせて生まれてくる」とは思えない。周囲の人間とやり取りをしながら，名称つまり「指示物」──何かを指示するもの──と内容つまり「指示対象」──指示される内容──との対応を学習していくわけだが，藤家にとってはこのプロセスがとてつもなく長く困難なために，こういう表現になったと思われる。彼女は指示物と指示対象を結びつけるのに苦心する間に，「感情がない」とか「ひとの気持ちがわからない」とか言われてしまう。

　　　　　生き方の模索　　　　自分の思考・感情と他人の思考・感情とが無関係であり結びつきをもたないという認識は，彼らが周囲からそれほどに遠く隔てられていることに

起因するのではなかろうか。自分の感情が他人に理解されるか否かを重視しない立場は，彼らが自身の感情の判断さえ覚束ないうえに，その感情に対しておかしな評価を浴びせられる状況を考えれば，合理的な帰結といえよう。実際の彼らは周りの人々の思考・感情から深い影響を受けて，自分が人間らしくないと感じ，人間らしくなりたいと考える。他人から理解される思考や感情をもちたいと願うのである。

　残念ながら，彼らの努力はなかなか報われない。思考を変えることも「自然に」感情を表現することも困難なので，彼らは自分ではない誰かを変身の目標に設定する傾向がある。他人とつながりたければ，とにかく誰かにならなければならない，とグニラは考える。彼女はあたらしい恋人とともに普通の生活を始めようと，架空の人物をつくりだしてその人になりきるが，やはりうまくはいかなかった。演じる役も演じる自分も本物でないと感じて，こう述べている。「私の本当の姿を見たことのある人なんて，一人もいないのだから。私自身さえ，見たことがないのだから」（ガーランド 2000：240）。

　自閉スペクトラム症と称される人々は，幸運にも理解ある医師とめぐり合ってこの疾患について学ぶときに，マジョリティーとの差異を受け入れて1人の人間としての生き方をあらためて模索し始める。周囲の理解がなかなか得られないなかで，彼らの努力が1つずつ実を結んでいく様子を，私たちは手記をつうじて教わることができる。

3 霊とともに生きる人々

生者の魂, 死後の霊

パプアニューギニアの各地で調査した人
類学者のほとんどは, 人々の生活に霊が
どれだけ重要な位置を占めているのかを民族誌に記してきた。た
だし, 数ある民族誌が詳細な記録を残す一方で, 「自分」のテー
マと関係づけることはきわめて乏しい。自閉スペクトラム症と診
断される人々の手記が, 数は少ないが自分の記述で覆われている
のとは対照的である。

　人類学者は一様に「霊」(spirit) と紹介するが, 現地での名称
はさまざまであり, 複数の種類で構成されているし, 性質も同じ
ではない。たとえば, 死者の霊と生者の魂 (soul) との関係を見
よう。生者は肉体と魂によって構成されており死で終わりを迎え
る, というのが共通の認識である。死者は親族による大がかりな
葬送儀礼を経てあの世へと送られ, 霊となって生者の暮らしを見
守る。もしも適切な葬儀がなければ, あの世に行かずに村の周辺
で幽霊としてとどまり, 生者を悩ませる。ならば, 生者の魂と死
後の霊は別物なのか。魂は肉体なしには生きられないので死後は
霊へと変わる, という具合に2つの差異を強調する報告が多い。
けれども, 魂が肉体の死に影響されないで残って霊になる場合も
あるし, 魂と霊は存在する場所の違いにすぎないとの見解もある。
要するに, 魂と霊の本質的な同一性を強調する人々もいるのであ
る。

　自分というテーマにとって大切な点は, 魂と霊とが異質であろ
うと同一であろうと, 生者にとっての魂は霊と同じように理解や

扱いが難しいことである。生者は自分の魂を制御できず，思考や感情や意思は魂から影響を受ける。ミシェル・ステファンはこの問題をメケオと呼ばれる人々について検討し，通常の自分と隠れた自分という対比で紹介する（Stephen 1989）。通常の自分は目覚めて意識のある状態にあり，隠れた自分をなかなか認識できない。けれども夢を見たり，夢のように非現実的な経験をするときには，ララウガと呼ばれる隠れた自分が姿を現す。このララウガが，私たちのいう魂に相当する。覚醒時の自分はララウガから受けている影響に気づかないが，夢に類する領域ではまったく別の自分がいることを知る。通常の自分が身体を住処（すみか）として物理的な世界に存在するのに対して，ララウガは身体や物理的な制約から離れた次元に存在する。

　夢の領域では，覚醒時の世界とまるで別な論理が支配する。覚醒時の世界で予測できた秩序はしばしば覆されて，不可能なはずの物ごとが次々と生起する。そしてそこは，他者の魂，死者の霊，超人的な力と出会う場でもある。メケオだけでなくパプアニューギニアの各地において，夢は自分の魂が他人の魂や死者の霊とともに映し出される場であるが，魂や霊の意図がそのまま表出するわけではない。夢が何を表すかの解読は，単純な読み替えをのぞけば，特別の能力をもったリーダーや呪術師に委ねられる。ただし，どんな生者であれ霊や魂の世界を直接に知覚できるわけではない。夢はあくまで，魂と霊の行為を生者の意識の側から検討する題材にすぎず，霊魂は生者にとって究極的に不可知なのである。

霊力をそなえた自分　この不可知な領域こそが，日々を生きる人々にとってこの上なく重要である。彼らの生活は，父系の出自集団，よその出自集団との間の婚姻，年

齢，性差などを基準にして構成される。出自集団は祖霊の共有を意味し，婚姻は祖霊以外の霊が介入する機会であり，年齢や性差は霊への接近の強度や性質の違いを表す。個人や集団の繁栄と衰退，活力と病苦は，自他の霊から受ける助力（応援）ないし攻撃（呪い）によって決定的な影響を受ける。人々の知覚する身体的で物理的な世界は，知覚できない霊魂の領域によって決定づけられる，と述べても過言ではない。

　遠回りをしたが，パプアニューギニアの人々にとっての自分を考えてみよう。メケオのように，自分が2つの領域で構成されていると理解すると，覚醒時に意識としてあらわれる部分と無意識に働いている部分から成り立つことになる。夢の状態に入ると関係が逆転して，前者がしりぞき後者が前に出る。この後者が魂に相当するものであり，霊とつながる特別な力を生者に与える。そうした力をそなえる人物がおそれられて，各地でそれぞれの形のリーダーになり，あるいはそのリーダーから一目置かれる呪術師になる。それほどに顕著でなくても，男子は成人して家長となればそれなりの霊力が認められる。自分が意図しようがしまいが，敬意を払わない人間を病気にしてしまう能力をもつ。要するに自分とは，思考したり感じたりする意識の領域だけではなく，意識の外部に霊とつながる魂を有しており，その魂を含めての存在なのである。

　ただし，魂と自分の観念とを別々に位置づけるような民族誌もある。ギルバート・ハートによれば，サンビアの人々にとっての「私」は身体が滅びると，思考や意識とともに消え去ってしまう。「名の知れた人物に残るのは，物的な世界で達成したものと生者にとっての記憶である」（Herdt 1987: 42）。自分という観念から直接の知覚ができない魂を除外すれば，その自分は身体と魂が結び

ついて生まれた思考の過程であり，意識の流れでしかない。パプアニューギニアの人々が死者を大々的に葬送し，家族や仲間の死を強烈に嘆き悲しむのは，単に故人の魂を鎮めて霊の世界へと赴かせるためではない。死はその人間の身体とともに自我を消滅させる。少し前までいたはずの「私」がもはや存在せず，この世にもあの世にも残らないということが，今ここにいる「私」たちにとって耐えがたいのである。

霊力への配慮 こう考えると，パプアニューギニアでは魂を含めて自分を「私」として語る場合がある一方で，意識の領域に存在する自分だけに限定して「私」を使用する場合がある，という想定ができる。発話は必ずしもどちらかに弁別できるものでないが，少なくとも公的なスピーチでは魂を含む自分が前面化されている。他方で，自分が見た夢を密かに語る際には魂から距離を置いて，たとえ不道徳な内容でも責めを負わないように自分の範囲を限定できる。自分は拡張も分割も可能なのである。

とはいえ，自分と魂は不可分な関係にあるので，人々のコミュニケーションのあり方はこれによって規定を受ける。自他ともに知覚できない領域で魂が働いていて，互いの言行や健康に影響を及ぼすのならば，コミュニケーションによって相手の気持ちを探ることの効力が薄れてしまう。実際に，彼らの表情や仕草は場面に応じてパターン化されており，思考や感情を微細に表すのには不向きである。儀礼を中心とするスピーチでは，言い換えだけでなく古語や秘語を多用するので，内容を直接にくみ取ることが難しい。霊力にふさわしく近寄りがたさを強調する語りであり，聴き手はこれに呼応するようにその意図を憶測することなどできな

いと主張する。つまり，言葉の意味よりも語ることの権利を重視
し，話者の気持ちよりも霊力に配慮するコミュニケーションの形
態である。大胆な言い方をすれば，パプアニューギニアの人々は
自分の思考や感情を前提にしてそれを表現するよりも，贈り物，
身体装飾，そしてスピーチのような知覚に訴える実践をつうじて，
自分の思考や感情を問わずにすませるような状態をつくり続けて
いる。

4 2つの人々が共有するもの

彼らにはあり，私たち
にはない

私たちの社会で自閉スペクトラム症と称
される人々とパプアニューギニアで霊と
ともに生きる人々の間に，いったいどん
な関係があるのか。スムースな比較は難しそうであり，あえて比
べると対立点が目につく。たとえば，前者は他人の表情や仕草や
言葉が何を指示するのかを懸命に読み取ろうと努めるが，後者で
は表情も仕草も形式性が強く，言葉は重要なものほど意味不明に
なるので，指示対象を読み取る必要性がもともと低い。さらに，
前者では読み取りの努力が逆効果を生んでしまい，気持ちがわか
らないとか感情に欠陥があるとか批判されるのに対して，後者で
はむしろ読み取りを棚上げにすることによって他者との関係が積
極的に発展する。

　両者の共通性といえば，いわゆる西洋化した現代社会のマジョ
リティーからは縁遠くて理解が難しい点であろう。もしもこのほ
かに共通点が見当たらないとすれば，それは私たちがマジョリテ
ィー特有の先入観にとらわれすぎているせいで，両者をただのマ

イノリティーのラベルによってしか結びつけられないためかもしれない。どんな先入観かをみつけるのは難しいが、「〜ではない」という否定形をつうじてそれなりに明らかにできるのではないか。つまり、自閉スペクトラム症と称される人々、霊とともに生きる人々にはあって、私たちマジョリティーにはないものとは何か。

　無意識のうちに前提としてしまっているものを考え直すために、私たちが藤家寛子によって「正解が書かれた紙を持ち合わせて生まれてくる」と表現されたことを、もう一度考えてみよう。ここで藤家は、感情に関する名称つまり「指示物」とその内容つまり「指示対象」とを結びつける能力が健常者に当然のようにそなわるのに対して、彼女たちにはないことを強調する。たしかに私たちは、たとえば「悲しみ」という名称が何を指示するのかを知っている。誰かの泣きそうな顔、すすり泣きなどを思い浮かべて、あるいは胸の苦しさを感じて、それが間違いであるとは決して思わない。同じように、私たちは誰かの表情や仕草を見て、いまどんな感情にあるのかを判断する。感情だけでなく何を考えているかという思考を含めるならば、いわゆる「気持ち」という名称の指示対象がテーマ化する。私たちは表情、仕草、言葉によって、互いの気持ちを表現したり察したりすると言われており、そうできるはずだしすべきであると考えられている。しかし、藤家たちには感情にかかわる語の意味がなかなかわからないのと同様に、気持ちという名称が指すものを表情や仕草や会話に見出すことができないのである。

気持ちも感情も　自閉スペクトラム症と診断される人々は表情や仕草や言葉の説明は理解できるが、グニラの表現を借りればそれを頭の中で絵にすることができない。

きっと絵でなくても，音や感触でもよいはずだ。「悲しい」といわれて，その人がどんな顔をしたいのか，どんな苦しさを感じているのかが，実際に知覚できるほどに浮かんでこないのである。すると意外にもパプアニューギニアに見るコミュニケーションは，こうした人々に対してずっと適合的な環境を用意していることがわかる。彼らが何よりも重視する食糧や財宝の贈与では，何をどれだけ与えるのかが決定的な意味をもっており，そこにどんな気持ちが込められているのかをテーマにするわけではない。贈与にはさまざまな名称があるが，いつ何をどのように与えるかをもっぱら指示するものである。

　彼らは死者を葬送するときには，感情を激しく表すように見える。しかしそこでは，たとえば各自が故人からもらった物を叫びながらそろって遺体にすがりつくように，形式化された行為が期待されていて，どんな気持ちでそうすべきかを問うてはいない。いつ何をどうするのかが決まっているから，母親の閉じこもるトイレのドアをいつどのようにノックすればよいのかといった悩みは生じにくいのではないか。つまり，自閉スペクトラム症と称される人々が非難されるような，感情がないとか気持ちがわからないとかいう問題意識と結びつかないかたちで，コミュニケーションが組み立てられている。

　もちろん，自閉スペクトラム症と称される人々は霊とともに生きる人々の生活にそっくり適応できるわけではない。たとえば，彼らにとって理解が困難な「表と裏」「外観と内部」に相当する観念は，パプアニューギニアの諸言語にも存在するから，おそらく彼らはそこに生まれても習得に時間を要するだろう。ただし，この観念がコミュニケーションで強力に活用されることはないので，彼らは私たちのなかにいるほどには大きな障害を感じる必要

はない。あえていえば，贈与でもスピーチでも身体装飾でも大切なのは「外観」であり，内部や裏側という見えない領域は問わないままである。なぜかといえば，すでに述べたように相手の霊力に対する配慮が働いている，と答えるしかない。自分の霊，他者の霊は，自分にも他者にも知覚できないままに，互いの思考や感情や身体にまで働きかけるのだから，霊とともに生きるには知覚可能な領域に最善の留意をほどこして，知覚不可能な領域を畏れるための環境を整えなければならない。

5　知覚できないもの

　自分について考えるとき，自閉スペクトラム症と称される人々や霊とともに生きる人々にあって，私たちマジョリティーにはないものとは何なのだろうか。知覚できないものの圧倒的な存在に違いない。自分という知覚に依拠する対象が知覚できないものによって左右されることに対して，彼らは私たちよりもずっと鋭敏なのである。

　この状況は自閉スペクトラム症と称される人々にとっては感情とか気持ちがイメージしにくいことに由来しており，霊とともに生きる人々においては霊の究極的な不可知性と結びついている。前者は感情や気持ちを理解せよという周囲からの命令によってこれを経験するが，後者は感情や気持ちに影響を及ぼす霊の力を受け容れて，それにふさわしい状況を生きていく。ここで私たちは，感情や気持ちの理解がなぜ大切なのかを確認しておくべきだろう。たがいの意思疎通を図り，可能な共感を分かち合い，自他ともに気持ちよく生活するためには，理解が不可欠のように思われる。

しかしこの考え方は，私たちの常識を反復しているにすぎない。感情や気持ちを正確に理解できるという確証はどこにもなく，その判断は互いに表情，仕草，言葉をやりとりしながら見定めるしかない。そもそもこの場合の理解とは何かと問えば，表情，仕草，言葉という知覚可能な指示物が顔や声や感触などのやはり知覚可能な指示対象を的確に引き出すところに成り立つ。知覚できる指示物と指示対象のセットがつくられることで，たとえば「悲しみ」という観念が実在する感情となる。

　一般に観念は，具体の事項を網羅してそれらを高い水準で関連づける，と考えられている。けれども，順序だって思考をする自閉スペクトラム症の人々が感情や気持ちの観念を理解できないとすれば，これらは論理的な必然を離れた場所で，いわば直観的ないし慣習的に具体の連関をつくりあげている様相が強い。つまり「悲しみ」は，知覚可能な指示物と指示対象とのよくわからない理由による結びつきを，受け入れるかぎりで現れるのである。

　とすれば「悲しみ」という観念は，根拠がはっきりしないままに私たちの知覚の領域に構築されることによって，存在するようになるのだろうか。それとも，直接に知覚できない観念として私たちのどこかにもとから実在しており，その観念を参照して知覚の領域に現れ出たものだろうか。学習しながら観念が実在物として構築されたのか（前者），それとも先験的に内在する観念が学習によって反映物を生みだしたのか（後者）。構築か反映かというこの問いに，絶対的な正解はない。根拠を求めて後者を想定するならば，私たちは知覚できない観念を受け入れる点で，パプアニューギニアの人々と同じになる。自閉スペクトラム症と称される人々をつうじて，私たちもまた知覚できないものの存在に左右されて暮らしている，という可能性を知らされるのである。

技術がめざましく発展して映像や図像を駆使した知覚化が進む今日，「自分」をめぐるさまざまな論題は，たとえば遺伝子の分析や脳科学的な説明などで目に見えるかたちでそこかしこに紹介されている。せっかくこの章を読んでもらったので，最後に考えてもらいたいことがある。そうした紹介はどんな知覚不能なものを前提にして，どのように知覚できるものへとつなげるのだろうか。メケオの呪術師は暗がりで，鳥・虫・コウモリ・トカゲの鳴き方をつうじて霊の意向を読みとる。鳴き声は霊自体の現れではないが，知覚できない霊の徴〔しるし〕とみなされて分析されるのである。遺伝子の分析や脳科学的な説明は，「自分」という壮大な相関の一部を知覚できるかたちに出力したのだろうか，それとも，あくまで知覚不能な相関の手がかりとして提示されているのか。想像してみよう。分子の立体的な大連鎖やプログラム言語を見せられて，「これがあなたです」と告げられるときを。

注
原稿の段階で，精神病理学者の加藤敏氏より貴重な助言をいただいた。十分に反映できたわけではないが，謹んで御礼を申し上げる。

ブックガイド

モーリス・レーナルト『ド・カモ──メラネシア世界の人格と神話』
　（坂井信三訳）せりか書房，1990 年
　●「自分」について考えるために人類学の専門書を読みたい人は，ぜひこの 1 冊を手に取るとよい。メラネシアの人々にとっての身体，生と死，生物，時間，言葉，そして人格が，とても親しみやすく紹介されている。

鷲田清一『じぶん・この不思議な存在』講談社現代新書，1996 年

●哲学者の思考だけれど，とてもわかりやすく「自分らしさ」を考えさせてくれる。身近で具体的な例を引きながら，根底的な水準へと降りていく。大学の講義をもとにしているので，本書の読者にぴったりの話題も多いだろう。

ピーター・ゴドフリー＝スミス『タコの心身問題──頭足類から考える意識の起源』（夏目大訳）みすず書房，2018 年
●タコはどんな心をもっているのか。まったく異なる心のあり方を探究して，頭足類と人類を合わせ鏡のように検討する。生物哲学者かつ熟練ダイバーである著者が，刺激的な問いをたゆまず立てて私たちを引っ張る。

ルワンダ南部州のルハンゴ県の農村で行われたガチャチャ法廷（PRX 提供）

　世界は違いであふれている。肌の色の違い，国籍の違い，性の違い，世代の違い，宗教の違い，思想の違い……。ひとが社会で生きていくとき，当然だが1人では生きられない。つねに他人とともに存在し，他者とともに協働して生きていくことになる。しかし，そこには「違い」が立ちふさがる。他者や他人との違いは，ときに激しい衝突や対立をもたらすこともあるし，怒りや憎しみの感情を引き起こすこともある。もちろんその反対に，共感や愛をもたらすこともある。他者との違いを認識し，調停したり解決をはかろうとする営みこそは，政治が誕生する原点の1つだった。しかしここで，他者との違いを認識し調停・解決するための現在の「常識」について，もう一度考えてみる必要がある。文化人類学という知は，そのための最良の道具なのである。

1 集団の意思を決定する方法

政治とは何だろう 若者の政治離れということがよくマスメ
ディアに登場する。2019 年の参議院選
挙では，全体の投票率約 49％ と比べて，10 代の投票率は 32％
ちょっと，20 代も 31％ 弱という（3 人に 1 人も）投票に行かない
現実が指摘された。それより数年前の 2015 年ごろには，政府が
強行した集団的自衛権の新解釈にあわせた法律制定に対して，憲
法違反として学生たちが SEALDs（シールズ）を立ち上げ反対の
声をあげたことがあった。しかしながら政治という領域は，若い
世代の大多数にとっては自分たちのいる世界とは異質な，遠い異
世界のようにとらえられてきたようだ。たしかに「私は政治に大
きな関心があります」という学生には大学の授業でもあまり会っ
たことがないし，まわりにそんな学生がいたら友人たちから浮い
た存在になりかねないことも容易に想像できる。

しかし政治とはいったい何なのだろうか？ 政治は，政治家や
官僚たちが日々新聞を賑わしている世界だけではない。政治とは，
私たちが日常に遭遇する「違うこと」「違うもの」をとらえるこ
とからはじまる営みのことだ。「違うこと」からは，ともに生き
ていくためのさまざまな「問題」が立ち現れる。その困難な「問
題」と向き合い，「解決」のために乗り越える営みが政治なので
ある。そうであるなら，政治とは，私たち 1 人ひとりが，日々そ
のなかで生を営んでいる世界のことでもある。なぜなら，私たち
はこの社会のなかで 1 人で生きていくことは不可能だからだ。学
校で，サークルで，職場で，家庭で，あるいはインターネットを

介して多数の面識のない他者と交わり，かかわりをつくりだしている。こうしたコミュニケーション（通交）以外にも，他者が生産した農産物を食し，他者が製造したモノを使って暮らしている。グローバル化が急激に進展する現代社会においては，他者とのつながりは，自分が住んでいる地域や国境をこえて思いもかけない人々と自分を結びつけている。このような現代を生きる私たちは，異なる人々との複雑なつながりのなかにいることは疑いようがない。

他者（違い）と向き合う作法

そこで問われるのは，自分とは違う他者とどのように向き合っていくのか，違いをどのように「解決」していくのかという点であり，そこにこそ政治が登場してくる。そして文化人類学という学問の政治に対するアプローチは，政治学や法律学，あるいは社会学によるアプローチとは一味違うものなのである。本書の序論でも指摘されているように，文化人類学という学問は，そこで生を営む人々と直接交わり，そこでの生活世界を築いてきた膨大な人間的努力と向き合う実践的な科学である。

このような文化人類学の持ち味を生かして，異質な他者とのつながりのなかで生きる技法として政治を検討していこうとすると，多様な回路を1つずつ精査する必要がある。ここでは，そのなかから1つの具体的な回路をとりあげて，異質な他者の問題をさらに深く考えてみたい。異なる主張をするもの同士が衝突した場合，いったいそれはどのようにして解決されるのだろうか，という場面を想定して考えを進めることにしよう。

たとえば同じ職場，同じ町内，同じサークルのなかで，何かものごとを決定する際に，私たちは，自分とは異なる考え方や主張

と出会うことがある。こうした違いに直面すると，当然，それぞれの立場から，異なる立場に対する疑問や批判と，自分の立場の正当性が主張されるだろう。私たちが集団のなかで何かを決めようとするとき，必ず生まれる自然な現象である。問題はその次である。お互いに主張を譲らず，集団の合意が成立困難になった場合，この袋小路（違うこと同士が互いに争って収拾がつかなくなる状況）を解決する方策は何だろうか。

多数決：意思決定の常識

こうした袋小路は，異なるもの同士がともに生きていくうえではあたりまえのことなので，それに対処する方策もほぼ定まっている。馴染みのある方法としては，より上位の（大きな権力をもっている）立場に裁定を委ねたり，法や規則といった集団のルールに従って解決したりするのもその一例である。ただもっとも私たちが馴染んできた方法は，それぞれの意見について賛成かどうかを尋ね，もっとも賛成の多い意見を集団全体の意見とするというものだろう。民主主義の意思決定における「多数決の論理」である。

日本では小中学校の学級会から国会での意思決定に至るまで，ある問題に対してまず賛成，反対の討論をした後で，最後は「では多数決で」となるのが普通だろう。なぜなら意見や立場が分かれて合意に到達できない場合，多数派の意見にしたがう以外の適切で妥当な方法は思い浮かばないからだ。つまり「違い」問題の究極的な解決方法は多数決というのが，民主主義的政治の常識なのである。もちろん「多数決の論理」にも疑問や批判はある。たとえば「多数の意見のほうが正しいという保証はない（むしろ大衆迎合主義に流され理性的判断ができなくなる）」とか「少数派の立

場や意見が無視され，ないものとされる」などはよくある批判だ。にもかかわらず，この方法が圧倒的に支持され民主的意思決定の「常識」となっている理由は，現実に物事を決めようとするとき，この方法以外に，多くの人を納得させる方法はないという一点につきる。

　しかしこの断定ははたしてほんとうなのだろうか？　「多数決」以外に違いを乗り越え意思決定する，よりよい方法はないのだろうか。もちろんそうではない。文化人類学はそうした観点から違いを乗り越え合意に到達するもう1つの方策を探求するのである。

全員一致：もう1つの方法

　多数決の原則がもっとも支配している場は，国会議員たちの意思決定の場だろう。政府・与党と野党が賛否の討論を侃々（かんかん）諤々（がくがく）と続けた後で，粛々と（ときには強行に）採決に移り，多数決の原則で結論が出るのは日本の議会政治における日常の光景だ。しかしこの日本の議会政治の世界のなかで，多数決の論理を実質的（慣例的）に拒否して採用してこなかった組織も存在している。

　その1つが2020年現在の政権党である自由民主党の総務会である。党則によると，総務会は「党の運営及び国会活動に関する重要事項を審議決定する」ことになっている。もちろんより上位の議決機関としては党大会や両院議員総会などがあるが，これらは頻繁に開かれるわけではない。したがって総務会は，近代政党である自民党の実質的な最高議決機関なのだ。その総務会の意思決定方法が，驚くべきことに「多数決の原則」ではなく「満場（全会）一致の原則」なのである。もっとも党則には総務会の意思決定方法は多数決と明示してある（41条）。しかし慣例として総務会はいまも全会一致の方法を採用し続けている。なぜ自民党

の総務会はこの意思決定（違いの解決策）を採用しているのだろうか。そしてそれは多数決の論理と比較してどのような利点があるのだろうか。

じつは民主主義の意思決定の常識である「多数決」ではなく，「満場一致」を採用しているのは，自民党の総務会だけではない。むしろ総務会のほうがそこから学んだと言ってよい。「満場一致」の意思決定を原則としてきたのは，日本のムラの寄合（全村民世帯参加による会合）である。江戸時代から明治・大正・昭和・平成を経て，令和の今日に至るまで，日本のムラの意思決定は一貫して「満場一致」である。ムラでは，そこで暮らす各世帯の代表者（世代，性別を問わない）が集まって，村の重要問題を議論する寄合と呼ばれる総会の場がある。近世のムラにおいても同様で，百姓が，村の中のさまざまな問題や課題について寄合で話し合いを続け，それぞれ違う意見や立場を表明し，最後は全員一致でムラの立場を決定していた。このムラにおける意思決定の方法が「満場一致」であり，その論理を自民党が取り入れて，最高議決機関の慣例的意思決定法として定着させていたのである。

寄合における「満場一致」は，もちろん容易に達成されるわけではない。20世紀中葉に日本全国の農山漁村を歩き回った伝説のフィールドワーカー，宮本常一は，調査で訪れた村々における寄合について，その過程で当然，多数派と少数派，賛成派と反対派に主張が割れるものの，村びとは，何時間も何日間も昼も夜も議論を重ねて，最後は全員一致の合意を達成すると指摘している（宮本 1971）。それは単純に多数の意見が論理的に採用されるという方式よりも，深くひろく人々の参加を促し，ともに合意をつくりあげるという協働と連帯のつよい感情を喚起することで，社会の絆を再生・強化していくというのである。同じように日本のム

ラを見続けた桜井徳太郎も，この点について，このような寄合における全員一致の意思決定法こそが，共同体が内部の違いを乗り越え，合意を形成する「もっとも典型的な姿」だと断言している（桜井 1985）。

多数決の論理が，あるイッシューに限定した合理的な意思決定法であるのに対して，満場一致の論理は，そこで暮らす人々の生活世界と感情の総体と連動した，違いの乗り越え方である点で，私たちが常識としてきた違いへの対処法とはまったく異質な思想に基づいている。他者がもつ多種多様な違いと向き合い，それを乗り越えて共生のために合意を達成するためには，多数決以外の方法のほうが適していた。にもかかわらず民主主義先進社会において推奨される（正しい）違いの解決法（意思決定法）は，「多数決」であり，それに反する「満場一致」は，民主主義が未熟で半封建的な遅れた社会（たとえば日本のムラ社会）の特徴だとされ，その両者のあいだに明確な優劣の線引きをしてきた。それを背景に，近代政治学は，ムラ社会の意思決定法を正面からとらえることなく，拒否し蔑視してきたといえる。文化人類学の視点のおもしろさは，こうした固定的で支配的な（無意識の）自民族（西欧）中心主義から自分自身の見方を解放する醍醐味にあるといってよい。

2 アフリカ社会の合意形成の知恵

雄弁術 ◗ 日本のムラ社会の寄合における，違いの乗り越え方としての満場一致の原則は，日本だけに見られる特異な方法ではなかった。西洋社会を至高と

する民主主義の基準からは，日本のムラ社会同様，蔑視され排除されてきたアフリカ社会にも，同じ原則を見出すことができる。アフリカ社会において，「違い」をめぐる日常的葛藤と合意形成をみるには，婚資交渉をめぐる場面がわかりやすい。婚資とは，結婚の際，新郎の属する集団から新婦の集団に対して支払われるモノやカネのことであり，日本の結納もその一種だ。ここではケニア北部の乾燥地帯に暮らす牧畜民，トゥルカナの人々の婚資交渉をのぞいてみよう。まったくかけ離れた要求（新婦側はできるだけ多くの婚資を要求し，新郎側はできるだけ少ない婚資ですませようとする）の違いを乗り越え，最後には合意する過程はとてもスリリングなものである。

　トゥルカナの婚資は，基本的には大家畜（ラクダ，ウシ，ロバ）と小家畜（ヒツジ，ヤギ）によって支払われる。多いケースでは，新郎の一族の全財産のじつに3分の2（大家畜30頭，小家畜110頭）が支払われたこともある。トゥルカナの調査を40年以上も続けている人類学者，太田至（太田 2016）が詳細に観察したある婚資交渉においては，まずラクダについて新婦側が20頭を正当な婚資として要求，それに対して新郎側は「ラクダはいまもっていない」とゼロ回答をした。つまり，最初の「違い」は20頭と0頭という絶望的な違いであった。その後，両集団は場所を変えつつ，代わる代わる演説する話者を出しながら，相手側の非をつき自陣営の正当性を雄弁に主張する。100名の聴衆を前に，韻を踏み，比喩や諺，謎々などの修辞法を駆使するみごとな演説によって強い態度で相手側の譲歩を要求する。

　この雄弁術は聞くものを感動させるレトリックと説得力がある。結局，49名が演説を行い，最終的に両陣営は婚資とすべきラクダの頭数で合意に到達する。その過程を活写しながら太田は，あ

北ケニアの遊牧民，トゥルカナの結婚式。当初折り合いなどつかないと思われた婚資交渉は際限なく続き最後には歓喜の祝福に至る。結婚式は新しい連帯の創造と確認の場である。5キロ離れたカクマ地区には巨大な難民キャンプがあり，南スーダン，コンゴ，ソマリアから内戦を逃れた15万もの人々が厳しい生活を余儀なくされている（撮影・太田至）。

ることに気づかされる。それは，いっけん大阪商人がするような功利的な値切り交渉（相手の利益が自分の不利益となるようなゼロサムゲーム）のようだが，じつはそう見えるのは，私たち自身がその世界に生きているからで，トゥルカナの人々はまったく異質な発想でやりとりをしているのではないのか，ということだ。

　ゼロサムゲームは，ちょうど「多数決の原理」のように，結果だけをみる。しかしトゥルカナの婚資交渉の場を支配しているのは，「ひとは協働すべきである」という価値ではないかと太田は思い至る。人々が相互の違いに対して「真剣勝負」を挑みその行為自身に感じる喜び，そして雄弁な演説が次々に続いたあと，最終的な合意を得るときの深い達成感。それによる協働の価値と協働の歓喜の創造と再確認。それはムラ社会の寄合で最終的に満場一致となる状況とまったく同質の，複雑で豊饒な場なのである。

私たちは集団内の「違い」に直面したとき，最終的に「多数決」で解決することがもっとも民主的で公平なやり方だと考えてきた。その考え方からすると，「満場一致」は非民主的で遅れた方法でしかなかった。しかしながら，「満場一致」の方法は，たんにある問題の賛否を問うだけでなく，人々がその問題の処理後も，どのようにして「よりよくともに生きることができるか」を見通して編み出された，完成された政治的手法と思想であることを知るのである。このことをより明快に指摘したのは，2020年に新型コロナウイルスのために死去したコンゴ生まれの思想家であり政治家でもあったワンバ・ディア・ワンバだった。ワンバは，アフリカ社会に広範に見出せる，多数決原則に依らない集団の意思決定方法に着目し，それをパラヴァーと総称した。パラヴァーとはポルトガル語で言葉や発言を意味する palavra からきた語だが，それが自由で雄弁なおしゃべりに転じ，さらにワンバによって，誰もが参加し自由かつ雄弁に意見を述べ，全員が一致するまで話し続け最終的に「違い」を乗り越え合意に到達する会合（あるいはその場）を指す言葉となった。「違い」を前に，多数決で集団の意思を決めるのではなく，全員一致にいたるまで対話と議論を雄弁に積み重ねることで集団の意思を決定するのである。パラヴァーは伝統的な意思決定としてコンゴやエチオピアはじめ多くの社会で今も機能しているが，後述するようにポストアパルトヘイト期の南アフリカ社会のような現代的な状況においても出現し，人種や民族の違いを乗り越えて人々の協働を支えている。

　ワンバは自身の故郷であるコンゴのムラ社会で行われるパラヴァーを観察するなかで，人々の意見や立場の違いが浮き彫りにされてはいるが，じつはその議論や会合の目的は，意見が分岐する

問題の解決そのものにあるのではないと気づく。そして，その自由なおしゃべりの交換と対立する立場との協働作業のなかで，参加者が抱えている困難や矛盾が語られ意識され，ともにそれについて考え交流することで，共同体の一体感を再確認し共通の価値を創造していくことにあるのではないかと気づく。それだけでなく，パラヴァーを通じて，その場に参加・関与する異質な人々のあいだに，それまでなかった共同性（一体感や共通価値）をつくりだしていることを強調するのである。

　これまで見てきたように，意見や立場の違いを前にして，それを最終的に「多数決の論理」によって解決する思想と，対話と演説を雄弁に続け「満場一致」によって合意を達成する思想とは，違いをとらえる深さと広さが根本的に異なる。それは一言でいえば，「違い」を処理する哲学の違いといってよいだろう。「多数決の論理」は，「違うこと」を前にして，そのどれかを選び，ほかを否定して得る「結果を重視」する思考に基づいているのに対して，「満場一致の論理」は，「違うこと」自体を問題にするのではなく，それを認識し議論することで「ともにある」ことを確認するという「過程重視」の思考から導き出されていることがわかる。つまり，他者との意見の違いや対立という状況を，敵対的にとらえるのではなく，それにかかわる人々が「ともにある」「ともに生きる」ための契機であり協働の過程だととらえるのである。これが「満場一致」の論理による政治のエッセンスといえる。

　そう考えると，私たちが，現代社会の常識，グローバルな民主主義の意思決定基準と思い込んできたものは，ある意味で，大きな考え違いをしていたのかもしれない。日本のムラ社会（自民党の総務会も含む）やアフリカ社会における人々の生活の現場を起点として，ものごとを考える文化人類学は，それとは異なるもう

1つの（オールタナティブな）意思決定の在り方とそれを支える思想と世界観や生き方を探求できる。そして現代に生きる私たちには今，それが必要とされているのである。そのことについて，次節からさらに思考を深めていくことにしよう。

3 社会の分裂と破局を乗り越える方法

破局的対立：ルワンダのジェノサイド

社会には「違い」が充満していることはすでに述べた。この「違い」がたんなる意見や立場の主張の違いを超えて，相互に暴力的な攻撃に発展し，極端な場合，「違う」相手を組織的に殺傷してしまうことは世界各地から報告されている。人種の違い，民族の違い，宗教の違いなどを「口実」とした大量殺戮（ジェノサイド）は，現代世界においても決して過去のものではないし，構造的な加害・被害は，2020年にも大きな広がりを見せた「Black Lives Matter（黒人の命を粗末にするな）」運動などを指摘するまでもなく日常化している。ある社会のなかで，特定の人種，民族，宗教に属する人々が，こうした破局的な被害を被っている場合，それによって引き起こされた「不正義」はどのようにして回復することができるのだろうか。言い方を変えれば，「違い」が極大化したことで生じた理不尽な結果は，どのようにして解決することができるのだろうか。こうした「違うこと」による破局的出来事の問題解決を考えるうえでも，先述した「満場一致」の思想やシステムは，私たちに多くのことを教えてくれる。

この「違うこと」にもとづく破局的事態の例として，ルワンダのジェノサイドをとりあげることにしよう。ルワンダは，アフリ

カ中央部の山岳地帯に位置する内陸国で，面積は四国の 1.5 倍ほど，人口はジェノサイドが起きた 1994 年当時は 730 万人（2018年には 1230 万人）ほどの小国だ。歴史的には，19 世紀にドイツの植民地になり，第一次大戦後はベルギーの委任統治下に置かれ，1962 年に独立を迎えた。住民は，牧畜を主たる生業とするツチ人と農耕を生業とするフツ人，それに狩猟採集民のトゥワ人に大別され，ツチが 15%，フツが 84%，トゥワが 1% と言われる。植民地時代を通して，宗主国は少数派のツチを支配層に据えて多数派のフツを統治するという間接統治体制を強力に推進し，同じ言語を母語とする住人をあらゆる機会に 3 つの相異なる民族として取り扱い，相互の対立を助長・促進する政策を続けた。その結果，植民地時代末期から独立後も，多数派フツによる少数派ツチへの攻撃や排除が頻発していた。

　こうした状況の中で，1994 年 4 月，フツ人の大統領が乗った飛行機が首都の空港離陸直後に墜落し，大統領が死亡する事件が起きる。この事件をきっかけにして，フツ人の民族主義過激派が民兵を組織し，軍隊と協力してツチ人や自分たちに同調しないフツ人に対する無差別殺戮を開始した。それはツチ人の反政府武装勢力が首都を制圧する同じ年の 7 月まで 3 カ月続いた。その結果，80 万から 100 万人が犠牲となり，200 万人以上が隣国のザイール（現コンゴ民主共和国）やタンザニアに逃れ，厳しい難民生活を余儀なくされた。犠牲者が全国民の 1 割以上，また 3 割近くが難民となるという，現代史上最悪の大量殺戮（ジェノサイド）であった。その様子は，『ホテル・ルワンダ』や『ルワンダの涙』といった映画にもなり日本でも注目を集めた。

全国民の4割が犠牲あるいは国外に逃れ，
ほとんどすべての国民が身内に犠牲者と
加害者をもつような状況は，社会にとっ
ては想像を絶する破局的な事態である。ひととひとが「違い」を
根拠に，このような絶望的な大規模殺傷を引き起こすとき，その
後始末はどのようにして可能になるのだろうか。こうした理不尽
な暴力行為に対していったいどのような対処法があるのだろうか。
この破局的事態から，社会はどのようにして回復するのだろう
か？

　ジェノサイドという「違い」が引き起こした悲劇的な結末に対
する，私たちの「常識」は次のようなものだろう。ジェノサイド
は許すことのできない「人道に対する罪」であり，この罪を犯し
た加害者を捕らえて，法廷で裁き，相応な罰を加えることで正義
は回復される……。これが私たちの信じる民主主義社会における
「法の支配」の原則だ。犯人を特定し法によって罰することで，
正義は回復し社会秩序は保たれる。犯罪に対するこの方法以外の
正しい対処法を私たちは知らないはずだ。じっさいルワンダで起
きたジェノサイドに対する欧米はじめ国際社会の動きは迅速であ
った。同じ1994年11月には，国連の安全保障理事会が「ルワン
ダ国際戦犯法廷」を設置し，ジェノサイドに関わった人物の訴追
を開始した。人道に対する犯罪を主導した個人を国際的に訴追す
る国際刑事裁判所の本部はオランダのハーグに常設されているが，
ルワンダの特別法廷（ルワンダ国際刑事裁判所とも呼ばれる）は隣国
タンザニアのアルーシャに設置され，当時の国軍の指揮官や政府
高官，民兵指導者などを対象に70件あまりの訴追が行われた。

　「加害者を捕まえて処罰する」という私たちにとっては「あた
りまえ」の解決法は，たしかに有効に働く場合がある。しかしそ

れは社会にとって「有害」な要素（犯人）を，社会から除去する解決法であり，ジェノサイドのように，全国民のほとんどがなんらかの形で被害者でもあり加害者でもあるという究極の破局的事態においては，有効に機能しないこともわかってきた。なぜなら被害者と加害者はそれまで同じ共同体に属して，ともに隣人として暮らしてきたケースも多く，その場合，加害者を社会から「除去」し「処罰」しても，その身内と被害者はそれ以降もともに同じ共同体のなかで，互いに憎悪と恨みを抱きながら生きていくことになるからだ。加害者が服役などの処罰を受けた後，戻ってくるのもその共同体である。さらに被害者と加害者が親戚同士であったり，被害者の身内が別の状況で加害者となったりする場合さえ少なくなかった。

　このような複雑で入り組んだ現実を，「加害者を捕まえて処罰」という「法の支配」の原則はとらえることができない。意見がまとまらない場合は「多数決」によって一発で解決という論理が，問題を単純化・矮小化してとらえたように，「法の支配」の原則は，被害者と加害者がこれまでも，今も，これからも「ともに生きていく」ことへの目配りができていなかった。ジェノサイドの後始末にとって，もっとも求められているのは，残虐な行為によって引き裂かれ非和解的状況に陥った共同体に，和解と癒やしをもたらし，双方が「ともに生きていく」ことを保証するような解決法だったのである。

ガチャチャとパラヴァー　双方がともに「生きていく」ための和解に重点を移すことで導入されたのがガチャチャ方式による解決である。ガチャチャとは，もともとはルワンダの農村社会において行われていた伝統的な村落法廷のことだ。

アフリカでは，村で起こったもめごとは今日でも村人誰もが参加できる村落法廷で即決されることが多い。法廷といっても建物があるわけではなく，通常は村の広場でオープンに行われる。裁判官役は村の長老数人があたり，双方の言い分を聞き，それぞれを支持する証人の意見を聞いたうえでその場で判決を下すのだが，拘置や懲役といった罰の選択肢はなく，たいていは金銭，家畜，労力を負けた側が勝った側に提供して決着する。「犯人」を共同体から「除去」するのではなく，その後も「ともに生きる」ことが大前提となっている。

ルワンダの新政府はこの伝統的村落法廷をジェノサイドの清算方法として採用した。2001 年に法律によって「ガチャチャ」が近代的な「伝統的村落法廷」として承認され制度化された。ガチャチャ法廷は，ジェノサイドが発生した村々で開かれ，約 10 年間に 200 万人の人々の審理を実施し 100 万人以上を有罪と認定した（章扉写真）。近代国家が設置したという性格のため，有罪を宣告されたもののなかには共同体から「除去」され「投獄」されたものも少数ながら存在するものの，大多数の有罪者は，犠牲者の一族・家族に金銭，家畜，労力を提供することで同じ共同体で「ともに生きる」ことが許された。なかには自分が殺害した男の家族の畑の耕作を手伝い，家族の生計を支援することで，同じ村落の隣人としてともに生きることを認められたケースもあった。こうしたガチャチャの場においても，加害者（とその一族）と被害者（とその一族）のあいだで自由で雄弁な糾弾と弁護が「パラヴァー」としてなされることも少なくなかった。悲劇的な殺戮のあともなお「ともに生きる」ことを許容するのは，私たちには想像もつかないかもしれない。なぜなら私たちは，「犯人を共同体から除外（ときには抹消）」することを当然とする社会に生きてき

たからだ。ジェノサイドを経験したルワンダの人々は，ガチャチャ法廷を，それぞれの怒りや憤り，欲望や困難を雄弁に語り続けるパラヴァーとすることで，「ともに生きる」可能性をつくりあげていたのである。

　もちろんこのガチャチャ方式にも多くの問題があり，さまざまな批判がなされてきた。たとえば裁判官役の村人たちの研修の不足や弁護人が制度化されていないことでかえって「人権侵害」を引き起こしているという批判は，欧米の人権擁護団体から幾度となくなされた。しかしながら，ここで注目しておきたいのは，破局的な事態を，「犯人」個人の「除去」によって解決するのではなく，加害者（側）と被害者（側）が和解し共生することで，ジェノサイドで引き裂かれた社会の裂け目を縫合し癒やしをもたらすという壮大な社会実験をしようとした点にある。

4　「文化人類学する」ことの醍醐味

　ひととひとはお互い異なる。しかしひとは自分1人では生きられない。したがってひとは他者とかかわりながらともに生きるしかない。そのとき，自分とは違うものとどう折り合いをつけるのかが問われる。ある集団（共同体）のなかで意見がまとまらない場合，多数決の論理で集団の意思を決定する方法もあるし，違いや対立が極大化し非和解的になったときには「法」によって裁き，罰を与える方法もある。それが私たちの「常識」であり，ひととひとの「違い」を調停する政治の基盤であった。

　しかし本章で繰り返し主張してきたのは，文化人類学が着目してきたもう1つの方策であり，ものの見方であった。それは違う

ことによる対立を，問題ごとの対立という「点」でとらえるのではなく，その対立の背景となる人々の思いや社会の歴史を含んで広く深く「面」でとらえる「満場一致」という意思決定法の思想であった。それぞれの立場を主張し多数決をとるのではなく，それぞれの立場がさまざまな思いや感情を雄弁に語り続けることで，ともにあることを確認するプロセスこそがそこでは重要であった。なぜならともにあることが確認できれば，その関係はたんなる意見の対立を超えて，ともに喜び祝福する歓喜（連帯感情）をもたらすことで，ともによりよく生きることを保証するからである。

　同様に，対立が極限化し破局的状況をもたらす場合でさえ，たんに相互を糾弾し相手方を処罰することを目的とするのではなく，現在をともにし未来の共生を可能にすることを目的とする対処法こそが，今日の私たちが生きる社会においても重要性を増している。長い間，法律によって人種差別や黒人抑圧が合法化されてきたアパルトヘイト期の南アフリカでは，夥しい数の人権侵害や殺戮行為が国家機関によって制度的に行われてきた。この歴史的な不正義によって，南アフリカ社会は深く切り裂かれ，非和解的な憎悪によって分断されてきた。ネルソン・マンデラが大統領に就任したとき，まず取り組んだのは，この破局的な差別，殺戮，分断に対して，多数決の論理でも，加害者処罰の論理でもない，もう1つのやり方で和解と社会の傷の修復，そして奪われた人権の回復を行うことであった。その中核になったのが，裁判でも，法でもない，人々が自由にそして雄弁に被害の経験と憤りを公衆の前で語りあう場（「真実和解委員会の公聴会」）の創造であった。幾日も被害者が被害を語り，加害者が加害を認め，被害者の家族が苦難と憤怒を語り，加害者の家族がそれぞれの苦悩と贖罪を語る。この人々の生の語りが自由に交錯するパラヴァーに，マンデラ大

統領は，アパルトヘイト後の「ともに生きる」可能性を見出したのである。

　文化人類学は，たんに外国の珍しい習慣や文化を調べて紹介することを目的とする学問ではない。今，私たちが暮らしている社会で「常識」とされている（それゆえ疑問をもつことさえない）仕組みのもつ「欠陥」を明らかにして，それを乗り越えるためのもう1つの在り方を，さまざまな異文化を探求するなかで，ともに考え，ともによりよい世界を創造する実践こそが「文化人類学する」ことなのである。

ブックガイド

イヴァン・イリイチ『コンヴィヴィアリティのための道具』（渡辺京二・渡辺梨佐訳）ちくま学芸文庫，2015 年
　●イリイチが現代文明批判と人類の未来を展望した論考。本章が強調する「多数決」や「法の支配」といった現代社会の民主主義の前提となっているものを疑う思考は，なにより「ともにある」こと，「ともに生きる」ことを重視するものの見方だが，それは，イリイチがこの本で述べた「人間的な相互依存のうちに実現された個的自由」としてのコンヴィヴィアリティにつながるものだ。

桜井徳太郎『結衆の原点──共同体の崩壊と再生』弘文堂，1985 年
　●閉鎖的で前近代的とされてきた農山漁村の小さな共同体の絆は，村の寄合のように民衆の生活に根差した民主主義を保証し，ときには国や大企業といった外部の巨大な力に抗う原動力となる。この本でふれられる水俣の事例では，都市近郊の共同体は国や公害企業との対決を避ける一方で，もっとも前近代的とみられた漁村は持続的で強力な市民社会の抵抗の砦となったことが紹介される。

松田素二・平野（野元）美佐編『紛争をおさめる文化──不完全性と

ブリコラージュの実践』京都大学学術出版会，2016 年

●現代アフリカ社会で頻発する紛争に対して，国際機関や NPO が主導するグローバル・スタンダードの対処策は十分な効果を示していない一方で，従来，軽視され無視されてきたアフリカ社会が異世界との交流のなかでつくりだしてきた処方箋が，予防にも分断修復にも正義回復にも有効であることを各地の事例から報告している

第 III 部

人類学が構想する未来

第11章 自由

　文化人類学と「自由」は，とても相性の悪いものだと考えられてきた。それは，根本的に不自由をもたらす何かとして文化が理解されていたからだ。実際のところ，自由を正面から主題にした文化人類学の研究は多くない。それでは，文化人類学では自由という主題をうまく扱うことができないのだろうか？　本章は，そうではないことを示そうとする。これまでの文化の見方を変えて，人々の生き方を可能にするつながりに注目するならば，文化人類学は自由を見るための新しい視点を提示することができる。そこから，私たちの自由の見方とは異なった，思いがけない「もう1つの自由」が見えてくる。それがどういうものなのか，一緒に考えてみよう。

1 自由のとらえ方

とらえどころのない自由

自由は，身近なのにとらえどころのない言葉だ。ポップスやロックの曲のタイトルや歌詞には「自由」「フリー」「フリーダム」といった言葉がよく入っているが，それが何を意味しているのかはたいていの場合まったく理解不可能だ（ぜひ実際に自分で確かめてほしい）。それでも，私たちは自由にあこがれる。いろいろなことに気兼ねして生きることが嫌になり，「もっと自由に生きたい」と思ったりする。また，人を見て「あんなふうに自由に生きられたなら」と思ったりする。しかし，逆に自由が息苦しいものに感じられることもあるだろう。今の時代，人（たとえば親）からああしろこうしろと指図されることはあまりない。むしろ，「自分で自由に決めなさい，その代わり責任を取りなさい」と言われることのほうが多いだろう。今度は，自由にしろと言われたって，と途方にくれたりする。これらの場合，自由はどのような概念として使われているのだろうか。

この章では，このように身近でとらえどころのない自由がいったい何を指しているのか，一度立ち止まって整理してみる。そのうえで，人類学がフィールドで出会ってきた「遠い」人々が自由をどのようにとらえているか考えてみよう。それによって，自由の概念をこれまでとは違ったかたちで理解できるようになるかもしれない。

| 解放としての自由 |

とらえどころがないのは，自由があまりにもいろいろな意味で使われているからだ。そこで，焦点を絞るために，自由の基本的な意味を「他人による支配から逃れること」だとシンプルに考えてみよう（バーリン 1971）。このように考えると，自由がどういうものかよりくっきりと見えてくる。たとえばあなたが奴隷で，ご主人さまに「働け」と命令されれば嫌でも働かなければならないなら，当然あなたは自由ではない。自由になるとは，もっとも基本的なイメージとしては，このような拘束から逃れることだ。王様だろうと領主だろうと，あなたの意志を妨げて自分の意志を押し付けてくる支配者から逃れて，あなたのやりたいようにやることだ。あなたに王様も領主もいないなら，学校のことを考えてみてもいいだろう。服装や髪形を細かく定めた（わけのわからない）校則に嫌々ながら従っているとき，あなたは自由ではない。それに対して，そのような校則に反対して廃止することに成功したなら，あなたはこの問題に関しては自由になったといえる。他者に妨げられることなくやりたいことをやれるのが，自由である。

　ここまでの例では，自由を制限するのは具体的な人（王様や領主）や組織（学校）だった。しかし，この考え方を押し広げていくと，よりあいまいな「文化」や「社会」といったものも，個人の自由を妨げる「鎖」としてとらえられることになる。たとえば，仮にある社会で「母方交叉イトコ（お母さんの兄弟の子どものこと）と結婚しなくてはならない」という決まりがあるとしよう。この規則を誰が決めたかはわからないし，国の法律になっているわけでもない。これまで先祖代々そのように行われてきたので，そう行うものなのだ。この場合，誰か具体的な個人や組織によって制約が課されるわけではないが，支配的な世論によってこの規則に

反することは難しくなる。あなたが母方交叉イトコ以外の相手と結婚したいと思っても，みんなが「そうするものではない」と反対すると考えて断念するかもしれない。このような「〜しなければならない」は数多くあるし，それ以外にも「〜したほうがよい」とか「〜するものだ」もあるだろう。これらの規範や価値をひとまとめにしてその社会の「文化」と呼んでみよう。実際，文化をある特定の集団によって学習され共有された規則の体系とするとらえ方は，よくあるものだ。このように考えると，王様や領主と似たように，個人の自由を外側から制限するものとして文化はとらえられることになる。この場合，実際に「文化」が人のようにあなたを捕まえられるわけではないから比喩なのだけれど，「個人は文化によって拘束されている」と言うことができるだろう。だとすると，支配者から自由になるのと同じように，「文化」から逃れること，文化との結びつきから解き放たれることこそが自由だということになる。「俺は世間の決まりごとには従わないぜ，自由に生きるんだ」というわけだ。

　しかしここで，ちょっと待ってくれと言いたくならないだろうか。たしかに，支配から逃れることは自由のための重要な条件だろう。しかし，玉ねぎの皮をむいていくように，人や組織による拘束だけでなく「文化」や「社会」とのつながりをはぎ取っていった先に残るのは，どのような人間なのだろう。そこには，「本来の自由な人間」が現れるのだろうか。それってどういう存在なのだろうか。

結びつきがつくる自由　ここまで見てきたように，自由を外側から押し付けられる制約からの解放と考えるならば，ただひたすら制約を取り除いていけばよいということ

になる。しかし、ただ制約を取り除いて、何にも邪魔されなければ自由になるのだろうか。

　たとえば、次のような例を考えてみよう。あなたは外国にいて、その国の滞在許可証をもっていない。そのため、警察の目をいつも気にしていて自由に行動することができない。もし捕まったら、どれほどその国に残ることを望んでいても強制的に国外に退去させられてしまう。しかし、幸運なことにあなたは支援団体の援助によって滞在許可証を得ることができた。おかげで、あなたは人目を気にせず自由に移動できるし、やりたい仕事もできるようになった。要するに、あなたはこれまでより自由になった。

　このような例から何が言えるだろうか。滞在許可証との結びつきによって、あなたはこれまでよりも自由になったということだ。だとすると、上に見たような結びつきの欠如だけが自由の条件ではないのかもしれない。さまざまな結びつきに支えられることで、自由は可能になっているのかもしれない。そのように考えるならば、「自由とは、悪質な束縛から抜け出すことであって、結びつきがないことではない」（ラトゥール 2019：438）ということになる。もちろん、自由を阻害するような結びつきは存在している。しかし、たんにそこから逃げれば自由になるわけではない。自由を「可能にする」ような結びつきを生み出す必要があるのだ。

　普段ははっきりと意識しないけれども、私たちはさまざまな結びつきのおかげで生きることが可能になっている。極端な話をすれば、水や空気がなければ私たちは生きていけないが、日常的に「私は水や空気のおかげで生かされている」などと意識することはない。意識するのは、砂漠を横断する途中で水が切れてしまったり、宇宙ステーションで空気漏れが起こったりしたときだろう。同じように、ある種のモノや人との結びつきは、それほど意識さ

れることがなくても，人が自由に生きることを可能にしている。

　先ほどの滞在許可証の話は，人を自由にするモノとの結びつきの例だった。同じように，人を自由にする他の人との結びつきを考えることができるだろう。たとえば，私の暮らしは，家族のメンバーの1つひとつの働きのおかげで成り立っている。食事をつくる，掃除をする，小さい子どもの面倒を見る。これらの働きをみんなで分担して担っていることもあるだろうし，1人のメンバー（多くの場合はお母さん）が担っていることもあるだろう。そして，このような人の支えが自由を可能にすることもある。自由の見本としてよく取り上げられる古代ギリシャは，とてもわかりやすい例だ。そこでは，市民は王や貴族に支配されることなく，平等に国政に参加して重要な決定に関わることができたという。そして，それこそ市民の自由として重要なことだととらえられていた。しかし，そのような市民の自由は，誰によって可能になっていたのだろう。市民は奴隷を所有していて，生産労働は奴隷たちが行っていた。食料をはじめとする生きるために必要なものを奴隷が生産してくれていたおかげで，市民は生活に囚われず自由を行使できたのだ。

　したがって，自由を拘束や強制から逃れる消極的なプロセスとしてとらえるのでは十分ではない。むしろ，悪質な結びつきから逃れると同時に，やりたいことをやれるようにする結びつきをつくりだすことで自由は可能になる。このようにとらえ直すことは同時に，社会によって押し付けられる規範や価値の体系として文化をとらえる見方から別の見方に移ることでもある。先に見たように，このとらえ方だと文化から逃れることが自由だということになってしまう。そうではなくて，より具体的なモノや人の結びつきが，どのように人々の生き方をかたちづくっていくのかに注

目してみよう。この視点からは，どのような結びつきが特定の自由のあり方を可能にしたり困難にしたりしているかが理解できるようになるだろう。

2 忘却と自由

結びつきの忘却

　観察者の視点から見れば，自由は人やモノとの結びつきによってはじめて可能になることがわかる。しかし，行為者の視点から見たときには，これらの結びつきは，はっきりと認識されるとは限らない。むしろ，自由について語るとき，結びつきは積極的に目に見えないように隠されてしまう。実際，拘束から解き放たれることで得られる自由という私たちのとらえ方は，人との結びつきを見えなくしているのかもしれない。そのことを考えるために，身近な文脈からいったん離れて近代の政治思想について少し考えてみよう。そこに現れる「本来自由な個人」というイメージが，私たちの自由のとらえ方に大きな影響を与えているからだ。

　近代の政治思想は，人間はもともと自由で平等な存在だとして，個人に対する政治的な制約はその後で人々自身がつくりだしたものだと考えた（藤原 1993）。言い換えれば，国も社会も何にもない自然な状態では，人間はみんな等しく自由な存在だったのだととらえた。このおかしな空想のようにも思える考え方は，じつは今も私たちの政治に関する想像力に強い影響力を与え続けている。フランスの人権宣言の第1条では「人は，自由かつ権利において平等なものとして出生し，かつ生存する。社会的差別は共同の利益の上にのみ設けることができる」とされている（デュモン

1993)。国連で 1948 年に採択された世界人権宣言にも「すべての人間は，生れながらにして自由であり，かつ，尊厳と権利とについて平等である」とほとんど同じ表現が使われている。ここにはまさに，玉ねぎの皮をむいていった先に残る，すべてに先立ってある自由な個人という考え方が表れている。このような考え方は，貴族や平民といった身分の違いを自然なものとして支配を正当化する見方を否定して，現在あるような民主的な社会をつくりだすのに大きな役割を果たしてきた。そのため，現在の社会に生きる私たちは，この考えを比較的自然なものとして受け入れることができるだろう。そうだ，人間は「生まれながらにして自由」な存在なのだから，外部からの不当な介入を受けずに自分の本来の自由を守る権利があるのだ！ 誰にも頼らずに自分のやりたいことをやる権利があるのだ！ ここでは，個人はもともと独立していて，その外側にある社会と対峙する存在としてイメージされている。

しかし，このような何にも依存しない「自由な個人」は，誰によって育てられて，誰と一緒に生きているのだろう。現実にはその人は誰かによって養育してもらわなければ一人前になれなかっただろうし，誰かに支えてもらわなければ日々の暮らしも成り立たないかもしれない。そう考えると，どのような「自由な個人」も本当は他者に依存することなしには生きていけないのに，そのことを忘却することで成立していることが見えてくる（岡野2012）。歴史的に見ると，近代の「自由な個人」は現実としては男性を指していて，女性はそこから排除されてきた。公的領域で男性が自律した個としてふるまうには，私的領域で女性がケア（家事，子育て，介護など）を担う必要があった。にもかかわらず，このような依存の関係は，目に見えないように隠されてきた。自

由は人との結びつきによって支えられているのに，そのことは意識から外され，結果としてケアする女性たちは従属的な立場におかれてきた。

このような依存の忘却は，あちこちに存在している。たとえば，私が知るフランスのある農民たちは，自分たちが誰にも支配されない自由な存在であるという自負をもっている（中川 2016）。市場での仲買業者との関係も農民同士の関係も対等で，各自が独立した自分自身の主人であるとみなしていた。しかし，彼らの農業が成り立つには妻の働きがとても重要で，妻がいなくなると農業を続けることはきわめて難しくなってしまう。実際には，妻のおかげで農民の自由は成り立っている。それにもかかわらず，「自分たちは自由だ」と語るときに，妻の働きに依存していることはカッコに入れられて，まるでないもののように扱われていた。これに似た例は，読者の身のまわりにも簡単に見つけることができるだろう。

忘れないなら不自由？

上のようなとらえ方では，人は結びつきを忘れることで自由になる。では，忘れなければ，どうなるだろうか。文化人類学では，社会関係から切り離された「自由な個人」という人のとらえ方は近代西洋に特殊なもので，他の多くの社会では社会関係によって成り立つ人のとらえ方があると考えてきた（モース 1995）。たとえば，個人としての人よりも，妻や夫や上司や部下といった，社会関係のなかでのその人の役割を重視するということだ。では，そのような社会では自由はどのようにとらえられるだろう。先ほどの妻への依存の隠蔽にちょうど対応する例を見てみよう。

メラネシアのある社会では，男性は豚をはじめとする貴重品を

ライバルに大々的に贈与する（モカと呼ばれる）儀礼を行って，それによってビッグ・マン（大物）としての名誉を得ることが生きるうえで大きな目標となっている。このとき，男性が相手に贈る豚の多くはその妻が育てるが，名誉にあずかるのは男性（夫）のほうである。だから一見すると，先ほどの例のように夫が妻の労働を忘却することで，抜きんでた「個人」となろうとしているように見える。しかし，実際はそうではない（Strathern 1988）。夫はお礼の贈り物を通して，妻の貢献なしには儀礼が成り立たなかったことを表明する。ここでは，妻の働きは隠蔽されることなく，お互いに「面倒を見る」互酬的な関係としてしっかりと評価され認められている。

　この社会では，関係性を隠して人が「自由な個人」としてイメージされることはない。そうではなくて，妻をはじめとするその他の人々との関係性の「おかげで」存在できていること，人々に対して「負い目」があることが，全面的に認識されている。むしろ，関係性に先立って存在する「個人」という考え方のほうが存在せず，人は贈与がかたちづくる関係性の束によってつくりだされるものととらえられている。

　このような例では，たしかに依存は否認されず積極的に認められている。しかし，ここではやっかいな関係性が生まれていることに気づくだろう。メラネシアでは，贈る／贈られる，ケアする／ケアされるというやり取りが人と人の関係をつくっている。そして，よく言われるように，贈り物は「負い目」（お返しをしなければならないという義務感）を生み出す（モース 2014）。そのため，お返しができなければ，負い目は支配と従属の関係につながる。メラネシアにおいて，人はタイミングよく贈り物をして負い目を生み出すことによって子分を獲得し，ビッグ・マンとして成り上

がっていく。だとすると，贈与しあう関係性を認めることは，社会や文化といった抽象物にではなく，具体的な他者とのしがらみに拘束されるという，別の不自由につながることになるだろう。

　まとめよう。外部の視点から見ると，いずれにせよ自由は人やモノとの結びつきのおかげで可能になっている。しかし，近代の政治思想に代表されるような見方では，この結びつき（依存）はまるでないものであるかのように忘却されて，それによって自律的で自由な個人というイメージが可能になっている。他方で，メラネシアに代表される見方では，人との結びつきは忘れられていないが，人々はお互いに「負い目」や「返礼する義務」を負っていて，気兼ねなくやりたいことができるという意味では自由ではない。

　それでは，どちらかしかないのだろうか。結びつきを否定して自由になるか，結びつきを認めて不自由になるか。第3の可能性，結びつきを認めつつ自由になることはできないのだろうか。

3 もう1つの自由

遠くの自由

　第3の可能性を探すのに，遠くの社会の自由から考えてみるのが役に立つかもしれない。私たちは，近代的でない社会をなんとなく不自由な社会であると考えがちだ。それには，最初に見たような文化を不自由とみなす考え方が関係しているだろう。しかし実際には，西洋から来た観察者たちが驚くほど「自由」な社会がたくさんあった。

　たとえば，南スーダンのヌアー（現地の発音により忠実な表記はヌエルだが，ここでは訳書に合わせてヌアーとする）の社会はその1

つだ（エヴァンズ＝プリチャード 1997）。ヌアー社会は，人々に命令を押し付ける政府機関や司法制度をもっていなかった。また，親族の組織にもみんなを統率する立場の人間はいなかった。誰かが人の上に立つということはなく，もめごとが起こると平等なもの同士の交渉を通して解決が図られた。だから，ヌアーの人々は誰かに支配されることはとうてい許せなかったし，自分の意志をまげて人に服従する義務があるなどとは考えていなかった。暴力や嘘さえ，他人に従属しないための手段だった。人から命令されることを極端に嫌うので，ものを頼むには婉曲的に依頼しなくてはならないほどだった。ヌアーを研究した人類学者エヴァンズ＝プリチャードは，彼らの自由さに感嘆して次のように書いている。

　　ヌアー人の一人一人が，自分は隣人と同じくらい立派であると考えていることは，彼らの一つ一つの行動からあきらかである。彼らはあたかも大地の主であるかのように闊歩し，実際そう考えているのである。彼らの社会には主人も下僕も存在せず，誰もが平等であり，自らを神の作り給うたもっとも高貴な創造物と考える。（エヴァンズ＝プリチャード 1997：309–10）

　このように，他者への隷属を拒否して自分の望むように生きようとするという点で，この社会はとても自由であるように見える。では，ヌアーの人々は自分たちを誰にも頼らない，独立した存在とみなしているのだろうか。じつはそうではない。むしろ，彼らの間では，親族が何かに不足して困っているときには，自分が可能であれば与えて助けるのが当然だとされていた。親族以外の人に対してもこのような助け合いは拡張されるので，ヌアーの村で

は全員が飢えないかぎり誰か1人だけが飢えるということはないのだという（エヴァンズ＝プリチャード 1985：204）。ヌアーの人々は，誰も頼りにしないどころか積極的に助け合う。また，執拗に助けを求めることさえこの人々にとっておかしなことではない。

　このことを，どのように考えればよいのだろう。私たちの目からは，矛盾しているように見える。これまで見てきたように，私たちは，自由であることを，誰も頼りにせず，誰にも依存しないことだと考える傾向がある。自由に生きるとは，誰にも干渉されないかわりに自分のものだけを頼りに生きることだと思いがちだ。人を頼るのは，恥ずかしいことのようにさえ感じる。このような視点からは，自由でありながらお互いに頼り合うヌアーの人々はおかしな奴らのように見える。

　しかし，このように感じるのは，私たちが自分たちの自由の見方に囚われているからかもしれない。ヌアーの人々が典型的に示しているのは，別の自由のとらえ方なのかもしれない。ヌアーは孤立した例ではなく，ほかの多くの社会にも似たような特徴が見られる。たとえば，17世紀の北米先住民もまた，富にも権威にも服従しないことで名高かったが，同時に人が必要なものを分け与えるのをためらわなかった（Graeber 2019）。これらの社会に共通しているのは，自由であることとお互いを頼りにすることが矛盾として考えられていないということだ。むしろ，自由であり続けるためには，お互いを頼りにする必要があるとされる。どういうことだろう。彼らの考えでは，もし人が着るものや食うものや住むところに困っているとしたら，もし形の上で自由であったとしてもそれにはほとんど実質的な意味がない。実際に自律的な生活を送るためには，衣食住が必要だからだ。もしそれらが欠けていたら，他人に服従しなくてはならなくなるかもしれない。それ

は，自分たちの自由の理想に反することである。だから，実際に
みんなが自由に生きられるようにするために，これらの人々はお
互いに支援しようとする。

　各人の必要を満たすためのこのような助け合いを，先ほど見た
ような負い目を生み出す互酬的な贈与のやり取りと区別して，
「コミュニズム」と呼んでみよう（グレーバー 2016）。それは，振
り返って考えれば私たちの身近にも普通にあるものだ。たとえば，
同僚と水道を修理していて「スパナを取ってくれないか」と頼ん
だとき，同僚が「代わりに何をくれる？」などと答えることはな
い。私のニーズ（ここではスパナ）を満たすために見返りなしに手
助けすることは当然のことだ。このような基盤的なコミュニズム
がなければ，社会生活はどこにおいても成り立たないだろう。た
だし，どこまでを当然とみなすかは，社会によって異なっている。
食べ物をくれという頼みに応えるのは私たちにとっては当然では
ないが，ヌアーの人々や北米先住民にとっては断ることができな
い当然のことの範疇に入っている。これらの人々にとって，生活
の広い範囲にわたるコミュニズムは個人の自由と対立するもので
はなくて，むしろそれを支えるものなのである。

　このような遠くの社会の自由のあり方から，これまでとは違っ
た自由のとらえ方を導くことができるだろう。自由は，誰にも妨
害されない代わりに誰も頼りにしないことによってではなく，そ
れぞれの人が自律して生きていける条件を集合的に整えることに
よって生み出されるものだというとらえ方である。先ほど，結び
つきを否定することで自由になるか，結びつきを認めて不自由に
なるかのどちらかしかないのか，という疑問を出しておいた。こ
こでの答えは，結びつきを認めつつ自由になることは可能だとい
うことになるだろう。

| ケアと自由 | このような自由のとらえ方は，遠くの社会にだけあるものではない。誰にも囚わ

れず自分でやりたいことを選ぶという自由のとらえ方が支配的なように見える私たちの「近代的な」社会においても，支援と両立するような自由のとらえ方は，より目につかないようなかたちではあっても存在している。そのことがもっともはっきりとわかるのが，医療や介護の現場である。病んだ人や老いた人は，そのままでは自律的に生きていくことはできない。しかし，周囲の人やモノとの結びつきに支えられることによって，それらの人々もより自由になることができる。言い換えれば，自律的に物事を行える範囲をより大きくすることができる。このような場に表れるのも，ヌアーや北米先住民と似た，支援と自由が矛盾しないような考え方である。

医療の現場に見られるこのような考え方を，「ケアのロジック」と呼ぶことができる（モル 2020）。「ケアのロジック」は，現代の医療において支配的な「選択のロジック」と対置されるものだ。「選択のロジック」は，医者という権威に支配されてその言うがままになるのではなく，自分でどのような治療を受けるかを患者自身が選択していくべきだという考え方を表している。他者に支配されず自分でやることを決定するという考え方は，まさしく近代的な自由のとらえ方だ。それに対して，「ケアのロジック」では，患者が決めることだからとほったらかしにはしない。そうではなく，医者や看護師や家族が患者と協力して，また測定器などのモノもうまく使いながら，それぞれの患者がどうすればよりよく生きていけるかを，細かく気を配りながら試行錯誤していく。たとえば，毎日血糖値を測る約束をした患者が測れなかったとしても，医者はそれを自己責任として突き放すのではなく，別のや

り方を提案して試してみる。そうやって本人が自分の健康状態を把握することで，生活のなかでの選択肢（たとえば車を運転すること）を増やしていく。このような人とモノが結びついた集合的なケアを通して，患者自身が人生でやりたいと希望することを実現できるようにしていくのだ。

　精神病院を廃止したイタリアで患者が地域に出て住むようになっていくプロセスは，自由が集合的なケアによってつくられることをよりはっきりと見えるようにしてくれる（松嶋 2014）。それまで患者を閉じ込めていた精神病院が廃止されたとき，拘束から解放されたからといって，これらの人々がいきなり自由に生きていけるようになったわけではなかった。病院の外には，精神を病む人々が一人暮らしできるような現実的な可能性がなかったからだ。だから，ソーシャルワーカーや看護師や地域の人々が参加して，地域で生活するための状況を整えていくという集合的な共同作業が必要だった。それは，1人でバスに乗れるようにするための工夫といった，具体的な努力の積み重ねだ。それによって，患者たちはようやく主体性をもって生きていくことができるようになっていった。

　ヌアーや北米先住民の助け合いと医療の現場でのケアの実践は，もちろん完全に同じではない。ケアの現場で医療従事者が患者を支援するのは，「コミュニズム」ではなく職業倫理にもとづいているだろう。しかしそれでも，両者には共通点があることが見えてくる。どちらにおいても，人がより自由に生きるためには周囲の人々による支援が必要であると認められていて，両者は矛盾であるとは考えられていない。むしろ，それぞれの人がより望みどおりに生きられるように結びつきを増やしていくことこそが，自由へとつながると考えられている。このようなとらえ方を，ここ

では「もう1つの自由」と呼ぶことにしよう。

4 身近な自由をとらえなおす

　では，もう1つの自由の考え方をもって，自分たちの周りを振り返ってみよう。すると，自由の名で呼ばれているものが，それほど自由ではないように見えてくるかもしれない。

　先ほど見た「選択のロジック」は，私たちの自由についての支配的な語りになっている。つまり，誰にも強制されずに「自由に」やりたいことを選択する代わりに，その責任を自分で負うという考え方だ。このような考え方は，医療だけにとどまらず仕事や教育や行政の場でもどんどん一般的になっている。これは，一見すると自由の拡大のように見える。しかし，本当に私たちはいつも「自由に」選択できているだろうか。むしろ，必ずしも希望しない限定された選択肢から選ぶように強いられていないだろうか。

　たとえば，非正規の仕事を転々としている人を考えてみよう。そのような生き方（それは1つの仕事に縛られないという意味で「自由な」生き方だと考えられたりもする）は自分が選んだものなのだから，もし困っていてもその責任は自分にあると考えるかもしれない。しかし，非正規の仕事を長く続けるほど，正規雇用につくことは難しくなり，実際に可能な選択の幅はどんどんと狭まっていってしまう。このような状況だと，正規雇用にある人も仕事をやめて別な生き方をするという選択は恐ろしくてできなくなる（齋藤 2005）。このとき，もう1つの自由の視点に立つならば，人々は自由だろうか。希望する生き方を送るための支えは十分に得ら

れているだろうか。また，医療に戻って安楽死のことを考えてみよう。ここでも，「選択のロジック」に立てば，それは本人が自分の意志で自由に選んだことなのだとして擁護することもできるだろう。しかしここでも，本当に「自由に」選んでいるのかという疑問は残る。死を選ぶまでの過程において，より自由に生きるためのケアをその人は受けてこられただろうか。

　もう１つの自由の視点から見るならば，これらの例では十分に自由が保障されていないことになる。よく生きるための結びつきを絶たれて追い詰められた状況で選択せざるをえないのならば，それは自由を装った拘束であり，ヌアーの人々やイタリアの医療従事者の視点からは十分に自由でないからだ。実際，「選択のロジック」の増殖は，人々の実質的な自由の充実のためではなく，より効率的な統治（新自由主義的な統治と呼ばれたりする）のために行われているという考え方もできる（ブラウン 2017）。たとえば，これまで無条件に予算が配分されていたところに改革をやるかやらないかという選択肢をつくって，もしやらなければ予算を削ることにしよう。この場合，一見するとやるかやらないかという選択の自由が与えられているようでも，実際にはやらせるための管理であることは明らかだろう。

　それでは，どのようにすればもう１つの自由の担い手たちの目にもかなうような自由をつくっていくことができるのだろうか。どのようにすれば，自由を支えるような集合的な仕組みをつくることができるだろうか。

　こうして，他者にとっての自由を考えることで，自分たちの自由のあり方を私たちは問いなおせるようになる。もちろん，ここで取り出したもう１つの自由のほうがよいと決まっているわけではない。もう１つの自由にも，多くの考えなくてはならない問題

がある。たとえば，ケアする側の自由は犠牲にされているのではないかという問題がそうだ。この点は，ケア労働の多くが立場の弱い外国人労働者によって担われるようになった今日，とりわけ重要となるだろう。あるいは，支援は結局のところ負い目を生んでしまうのではないかという問題もある。さらに言うならば，どのような意味を与えるにせよ，自由がよいと決まっているわけでさえない。それでも，人類学的に人々の経験を通して考えることで，私たちは自由とのかかわり方を新しい視点から考えなおすことができるようになるだろう。

ブックガイド

E.E. エヴァンズ＝プリチャード『ヌアー族──ナイル系一民族の生業
　形態と政治制度の調査記録』（向井元子訳）平凡社，1997 年
　●南スーダンの牧畜民であるヌアー族についての古典的民族誌である本書は，「もう 1 つの自由」を考えるための豊かな素材を提供してくれる。

デヴィッド・グレーバー『負債論──貨幣と暴力の 5000 年』（酒井隆
　史監訳／高祖岩三郎・佐々木夏子訳）以文社，2016 年
　●本章で取り上げた「コミュニズム」についての議論を含む本書は，負債と自由について私たちに深く考えさせる刺激的な書物である。

ルイ・デュモン『個人主義論考──近代イデオロギーについての人類
　学的展望』（渡辺公三・浅野房一訳）言叢社，1993 年
　●本書によって，近代的な個人と自由の観念の特殊性を，より大きな人類学的枠組みのなかに位置づけて理解できるようになるだろう。

第12章 分配と価値

　父親であること，家族を養うのに十分な財を所有すること，女性や子どもから尊敬され信頼されていることは，アフリカの多くの社会で，男性が追求すべき価値であると考えられてきた。だが現在のアフリカにおいて，稼ぐこと，結婚すること，尊敬される父親であることはますます困難になっている。そこに現れているのは，単に彼らの問題というよりも，現在の世界を生きる人間に共通の課題であろう。労働が余剰となり，家父長制の揺らぎが加速する世界において，私たちはどのようにして価値ある人生を実現することができるだろうか。

1 権原とシチズンシップ

　本章では，人間が生きるための分配と価値について述べる。さまざまな生産物を分配することは，人間にとって重要な営みである。たとえば不治の病いを治す画期的な新薬が開発されたとしても，手が届かない人にとっては，ないも同然だ。誰が，どんな条件で，どれだけのものを受け取るかは，人が生きていくうえで常につきまとう問題である。本章のもう1つの焦点は価値である。公正な分配は，私たちが価値ある人生を実現することを保証してくれるのだろうか。生きる価値は，私たちが他の人たちとかかわりあうことをとおして，かたちづくられるものではないのか。これが本章であつかうもう1つの問題である。

　私たちは，生きていくために必要なものをどのような手段で手に入れることができるのだろうか。経済学者のアマルティア・センによれば，人が何かを手に入れるための正当な権原は，生産，移転，交換といった手段によって得られる。権原とは，ひとことで言えば権利や資格のことである。また移転は，贈与と言いかえてもよいだろう。必要なものがあれば，自分でそれをつくるか，誰かから譲ってもらうか，あるいは何か別のものと交換することで手に入るというわけだ（以上は，センの議論を簡略に説明したものである。権原についてのより専門的な説明が必要な読者は，セン〔2000〕をあたってほしい）。

　必要なものを手に入れるための手段を尋ねられて，真っ先に働いて得たお金で買うことを挙げる人は少なくないだろう。これは上に述べた3つの手段にあてはめるならば，交換にあたる。お金

を介して労働と生産物とを交換するのである。分業が進んだ現代社会では、人が必要なものの生産に自らたずさわる機会は限られている。だから私たちは必要なものの大半を、通貨を介した交換によって得ていると考えることにしよう。そのうえで、次の問いを考えてみてほしい。どんなに働いても買えそうにないが、ぜひとも必要なものがあるとしよう。そのような場合に、労働との交換を前提としないで必要なものを手に入れることができる条件があるとしたら、それはどんなことだろうか。

治療のシチズンシップ これはずいぶん漠然とした問いで、ちょっとピンとこないかもしれないが、たとえば病いに冒されていることは、そのような条件の1つである。ここでは HIV 感染症の例で考えてみよう。HIV とはヒト免疫不全ウイルスの略称で、その名のとおりヒトに感染して免疫の働きを低下させる。1980 年代に始まった HIV 流行は、短期間で世界中にひろがった。HIV 感染症の有効な治療方法が発見されたのは 1990 年代の半ばのことである。抗 HIV 薬（HIV 治療に用いられる薬）は、人類がつくりだした素晴らしい生産物の1つに数えられる。治療薬のない世界では、HIV に感染することは確実な死を意味した。しかし治療薬を用いれば、体内のウイルスの活動を抑えこむことができる。適切な治療を受けている HIV 陽性者（HIV 陽性と診断された人）は、HIV に感染していない人とほぼ同等の余命を期待することができるだけでなく、性行為によって誰かにウイルスを感染させる可能性も事実上ゼロである（このことについては、U=U Japan Project のウェブサイトが参考になる。https://hiv-uujapan.org/）。

　抗 HIV 薬はすぐれた薬剤だが、非常に高価なことが問題であ

った。日本や西欧，北米など，国民の所得が高く，健康保険など
の医療福祉制度が充実している国では，HIV 治療はすぐに普及
した。だがアフリカをはじめ世界の多くの場所では，高価すぎて
手が届かない薬剤であった。そして何百万もの人たちが，治療を
受けられずに死んでいった。抗 HIV 薬の特許をもつ国際製薬企
業と交渉して安価な治療薬を製造・輸入できるようにしたり，治
療薬を世界中に供給する資金をあつめるための国際的な枠組みを
つくったりして，アフリカで HIV 治療が本格的に普及し始めた
のは 2005 年以降のことである。現在では，世界中で HIV 治療
を必要としている人たちの多くが，無償あるいは安価な抗 HIV
薬を服用できるようになった。

　このように，病いに冒されていることを資格として何らかの要
求が行われるとき，その資格や要求の枠組みを治療のシチズンシ
ップと呼ぶ（Nguyen 2005；西 2017）。そこでは誰が，どのような
条件で，病いの治療に必要な知識や技術，制度にアクセスできる
かが問題になっているのである。同じような問題をあつかうため
に，生物学的シチズンシップ（あるいは生物学的市民権）という言
葉を用いることもある。病いに冒されていることは，人間の「生
物学的」条件の 1 つであると考えるならば，両者は似通った概念
だということになるだろう。医療人類学者のアドリアナ・ペトリ
ーナは，生物学的市民権という言葉を用いながら，チェルノブイ
リ原発事故で被災したウクライナの人々が生き延びるための要求
や交渉の過程を克明に描き出している（ペトリーナ 2016）。

　シチズンシップ（市民権）とは，ある社会の構成員に付与され
た権利や義務を表すのに用いられる言葉である。治療のシチズン
シップという概念が浮かび上がらせるのは，同じ病いを抱えた人
間でも，どんな社会に帰属するかによって，得られる治療やサポ

ートの内容が大きく異なるという現実である。日本や西欧諸国に帰属する者はたいてい，健康保険や医療給付といったさまざまな制度へのアクセスが保障され，手厚い治療を受けられる。だがソ連が崩壊したあとのウクライナでは，貧しい人々が質の高い医療を受けるのは，たいへん困難なことになってしまった。また先に述べたとおり，アフリカ諸国をはじめ，所得の低い国に帰属する人たちは，絶え間ない交渉と要求とによって，はじめてHIV治療を受ける権利を手にしたのである。

ここまでの議論で明らかなように，シチズンシップは生産物の分配と密接に関係する問題である。ただし，シチズンシップの検討は分配についての問いで完結することはなく，価値ある生とは何かという問いにも開かれているはずだ。たとえば病いに苦しむ者は，治療薬によって単に生き延びるだけではなく，より広い意味でのケアの関係のなかで生きることを望むだろう。生きる価値やケアの意味といった問題については，もう少しあとで考えることにして，次の項ではまず，生産物の分配についての考察を深めることにしよう。

| 正当な分け前 |

ここでいったん，権原の話に戻ろう。無償でHIV治療を受けているアフリカの人たちは，どのような権原によって薬を手に入れているのだろうか。彼らにとって，抗HIV薬はそもそも「働いても手に入れられないもの」という前提だったから，それは交換に基づく権原ではないと考えねばならない。現在，所得の低い国の人たちに抗HIV薬を届けるために中心的な役割を果たしているのは，世界エイズ・結核・マラリア対策基金（通称グローバルファンド）のような国際組織である。その資金は，所得の高い国の政府や民間基

金が拠出したものである。だとすると HIV 治療は，所得の高い人たちから所得の低い人たちへの「贈りもの」なのだろうか。HIV を罹患したアフリカの人たちは，贈与によって抗 HIV 薬を手に入れているのだろうか。

　悪くない答えだ。だが政治人類学者のジェームズ・ファーガソンならば，即座に「違う」と答えるだろう。それは贈りものではなく，人々の正当な分け前なのだと。ファーガソンによれば，贈りものと分け前の間には明確な違いがある (Ferguson 2015)。贈りものは，もともとはそれを贈る側のものだ。それが「贈る」という行為をへて，ようやく贈られる側のものになる。これに対して分け前は，最初からそれを受け取る人のものである。これを治療薬にあてはめるならば，抗 HIV 薬は生産された瞬間から，それを必要とする HIV 陽性者に帰属するのだということになる。

　読者のなかには，「それでは話が違う」と思った人もいるだろう。ついさっき，生産は「人が必要なものを手に入れるための正当な権原」の 1 つだと説明したばかりではないか。ならば治療薬は，それを生産した人たちのものではないか——なるほど，それはもっともな疑問である。しかし現実の世界では，生産者と生産物との関係は，それほど単純ではない。いったい生産者とは誰だろうか。生産者を，その生産に必要な労働を提供した者として定義するならば，抗 HIV 薬ははじめから生産者のものではない。製薬企業の工場で働く労働者は，自分たちが生産している薬を所有していない。その意味では，現代の世界において生産者が生産物を所有しないのは，むしろふつうのことだともいえる。

　ファーガソンの言う分け前は，生産や贈与，交換に基づかない権原である。すべての人は，あらゆる生産物について正当な分け前を要求できるという考えがその根底にある。なぜ彼は，そのよ

うな大胆な提案をするのだろうか。ファーガソンの議論のポイントは，労働と所有とを切り離すことにある。ますます多くのものが，ますます少ない人の手で生産されるようになった現代社会において，労働力はもはや過剰である。人類は今や，ごく限られた労働力で，ありあまる富を世に送り出すことができる。もし労働が生存の条件であるならば，現在の世界では人間そのものが過剰だということになる。正当な分け前とは，人間そのものが過剰とされないための考え方である。

豊かさが雇用に結びつかない世界

正当な分け前についてよりよく理解するために，ここで南アフリカ共和国（以下，南ア）の社会とその歴史を概観しておこう。ファーガソンは，主に南ア社会についての考察をもとに分け前の議論を展開しているからである。南アは，ダイヤモンドなどの鉱物資源に恵まれているうえに，技術や資本の蓄積もあり，アフリカではずば抜けて豊かな国である。だが同時に南アは，世界でもっとも経済的な格差の大きい社会の1つでもある。格差が形成された要因の1つは，過去のアパルトヘイト（人種隔離政策）である。ヨーロッパ系，アフリカ系，アジア系住民の間に厳格な差別を設けた南アのアパルトヘイトは1994年に廃止された。当然，経済的な格差も緩和すると期待された。ところが実際には，アパルトヘイトが終わったあとの南ア社会では，格差は縮まっていない。いやむしろ拡大していると考える人も少なくない。その背景にあるのは，雇用の圧倒的な不足である。過去の南ア社会で若いアフリカ系男性に雇用を提供したのは農場と鉱山であった。だが1970年代以降，これらの職場は機械化が進み，非熟練肉体労働を必要としなくなった。現在の南アでは，父母や祖父母が受

給する高齢者年金に若い世代の多くが頼って生活する状況が生まれている。

現在の南ア政府が，アフリカ系若年層の教育や技術訓練にまったく無頓着だというわけではない。実際，アパルトヘイトが終結したあとの南アでは，高い教育を受け，所得の高い職業に就くアフリカ系市民の階層も生まれている。しかしアフリカ系の人々とりわけ若者の多くは貧しいままである。彼らの努力が足りないのだろうか。それとも政府の投資が足りないのだろうか。いや問題の根源は，雇用が絶対的に不足していることだというのがファーガソンの見解である。南アは，豊かさが雇用に結びつかない現代世界の構造をもっとも極端なかたちで体現した社会なのである。

2 新しい分配の政治

労働が絶対的に余剰であるような世界で生きる私たちは，新しい分配の政治を必要としているのだとファーガソンはいう。新しい分配の政治とは，人類の生産物に対する正当な分け前を要求することである。対照的に，自らの労働に対する正当な対価を要求することは，ファーガソンの考えでは，もはや時代遅れの政治であるということになる。

だが人間がつくりだす生産物は無数にあり，人間が生きるために必要とする分け前はさまざまである。新しい分配の政治は，どのような生産物をターゲットにするのだろうか。病いに冒されている人にとって，生き延びるための治療薬は間違いなく必要かつ正当な分け前である。しかし生きるということは，ただ単に生き延びるということとは違う。人はそれぞれ，自らがその人生にお

いて追求する価値を実現するために必要な分け前を要求するだろう。新しい分配の政治が標的にするのは，グローバルな生産活動によって得られた果実の総体，つまり人類のすべての生産物である。

就労や家族制と切り離
された給付

さまざまな価値を追求する人たちが，それぞれ必要とする分け前を確実に受け取れるためには，どうすればよいだろうか。ファーガソンが注目するのは，現金給付である。これは政府が市民に対して現金を支給するプログラムのことで，児童手当や福祉給付（生活保護費）などがそれにあたる。

　現金給付のプログラムは，経済的に豊かな国のシチズンシップをもつ者だけに与えられる恩恵だと思われがちだが，実際にはアフリカを含む南の世界で，さまざまな現金給付プログラムの導入が進んでいる。それどころかファーガソンによれば，南の世界で導入されている給付制度のなかには，従来の福祉国家の常識と比べると「進歩的な」特徴を備えているものがあるのだという。その1つは，就労を前提としないことである。たとえば南アでは，高齢者の多くが非拠出型の年金を受給している。非拠出型年金とは，保険料ではなく税金を財源として支払われる年金のことである。これに対して日本や西欧，北米諸国を含む従来の福祉国家では，高齢者年金の受給資格は事実上，就労と結びついているのがふつうである。というのも，働ける間に所得に応じた保険料を支払い，あとでその保険料に応じた年金を受け取る仕組みを採用しているからである。これでは，若いころに安定した就労機会があったかどうかで，年金の受給資格や受給額に大きな差ができてしまう。このような格差を生みださない点で，非拠出年金は進歩的

なのである。

　ファーガソンが進歩的だと考える給付制度の特徴はもう１つあって，それは家族制に紐づけられていないことである。たとえば南アにおいては，児童扶養手当の受給者が婚姻関係を問われることはないし，被扶養者との親族関係も問われない。必要なのは，受給者が子どもの主要なケア提供者として認定されることだけである。従来の福祉国家と比べると，南アの児童扶養手当は家族制の規範に縛られない，多様なケアの関係に開かれているように思われる。

人々を選別する装置

　就労や家族制と切り離された給付がなぜ進歩的と評価されるのか，もう少し説明が必要だろう。ここで前提となっているのは，日本を含む従来の福祉国家の給付制度が，就労や家族制と密接に結びついてきた事実である。就労を条件とした給付の仕組みについては，前の項で日本などの年金制度を例に説明した。就労と給付とを結びつけることがなぜ「時代遅れ」なのかも，すでに説明したとおりである。豊かさが雇用に結びつかない構造は，決して南ア社会だけの問題ではない。雇用の絶対的な不足は現代の人類社会に通底する構造であり，日本でも非正規雇用の広がりや，それに伴う経済的な格差として実感される問題である。

　家族制との結びつきはどうだろうか。日本の給付制度の大半は，社会が扶養者である世帯主と，その扶養を受ける家族で構成されることを前提にしている。給付と家族との結びつきがなぜ問題なのか。抽象的な言い方をすれば，それは社会に「有用」だとみなされた者と，そうでない者とを実質的に選別する装置として働いてきたことが問題なのである。もう少し具体的に説明すると次の

ようなことである。従来の福祉国家において「有用」だとみなされたのは，第1に就労する成人男性，そしてその次に，家庭内で彼らを支える女性配偶者であった。そうした国家の給付制度は，女性を労働市場から閉め出して家庭内にとどまらせるように方向づけられている。またそれらの制度は，「標準的な」家族を構成しない人たちにとっては，とりわけ不利に働いた。たとえばシングル・マザーを貧困へと追いやるように作用してきたし，性的少数者に対して敵対的な規則や制度や習慣が，至るところに張りめぐらされてきた。

ベーシック・インカム
の可能性

就労や家族制と切り離された給付を確立することは，より自由で公正な社会に道を開くだろう。そのためにもっとも有効だと考えられている仕組みの1つに，ベーシック・インカム（以下，BI）がある。BIの基本的なアイデアは，就労や所得，年齢に関係なく，すべての個人に定期的に現金を給付するというものである。毎月の生活に最低限必要な金額が，自分の銀行口座（あるいは電子マネーのアカウント）に振り込まれることを想像してほしい。現時点でBIを導入している国はないが，フィンランドでは2017年から2018年にかけて一部の市民にBIを提供する実験が行われた。BIが検討されているのは，所得の高い国だけではない。南の世界においても，たとえば南アではBIの導入に向けた議論が盛んに行われており，南アに隣接するナミビア共和国では，特定地区の全住民に対してBIを提供する社会実験が行われたことがある。

　ファーガソンも，新しい分配の政治を実現するためにはBIの導入が鍵になると考えている。人々が自らの分け前を確実に受け

取るためには，BI はたいへんすぐれたやり方である。ただし現時点では，多くの国で BI の導入に慎重な意見が根強いのも事実である。BI が従来の社会と経済とを大きく変えてしまうことへの抵抗は小さくない。しかし 2020 年の新型コロナウイルス流行下では，多くの政府が一律の現金給付に踏み切った。日本でも政治的な紆余曲折はあったものの，特別定額給付金という名称で，住民基本台帳に記載されたすべての人に 10 万円が給付された。これは一時的な給付であって BI とは異なるが，一律給付の経験は本格的な BI の導入に向けた議論を後押しすることになるだろう。

3 家父長制が終わった世界を生きる

　新しい分配の政治は，人が自らの生きる価値を実現するために必要な分け前を確実なものにするだけではなく，古い福祉国家の選別装置を無効にして，より自由な生き方に道を開く。つまり正当な分け前は，自由で公正な世界をもたらす。それはすべての人が平等に生活を保障され，自由な生産活動に取り組める世界なのである——新しい分配の政治は，このような素晴らしい世界を私たちに垣間見せてくれる。しかし，ここでファーガソンが強調するのは，現金給付さえ導入すればすべてがよい方向に向かうと考えるのは誤りだということである。重要なのは現実に新しい分配の仕組みが導入されたときに，それが 1 人ひとりの生き方のレベルでどのように経験され，人々の具体的な関係にどう影響するかを，きちんと見届けることである。
　たとえばファーガソンは，児童扶養手当が南アの社会に与える

影響に触れている。現在の南アにおいて，結婚という習慣は根本的に消滅しつつある。貧しい労働者階級の女性の多くは児童扶養手当を受給しており，就労していない男性を家庭に招き入れることで得るものはほとんどないためである（Ferguson 2015）。以下では，現在の南ア社会が経験している変化を家父長制が終わる過程としてとらえ，そのことが南ア社会を生きる男性にどう経験されているのかを考えてみたい。

| 家父長制の揺らぎ | まず家父長制という用語から説明しよう。この用語はもともと，父親が専制的な力をもち，妻と子がそれに従うような家族のあり方のことを指す。しかし現在ではもっと広く，男性が権力を握る社会のことを指すのがふつうである。家父長制的な社会においては，男女の役割分担を前提として，成人男性が政治，経済，文化を含む社会のさまざまな領域で主導的な地位を占有する。家父長制は人類の歴史上，広範に見られる社会の形態である。そして前節で述べたように，従来の福祉国家の制度は家父長制的な社会を維持し，強化する役割を果たしてきたのである。

　20世紀の世界において非常に強固な制度であると思われた家父長制はしかし，21世紀に入って少なからず揺らいでいる。その背景には #MeToo のような，女性への暴力に反対する運動の広がりもあるし，本章で検討してきた新しい分配の政治もまた，ジェンダーの平等を後押しする。現在の世界は，家父長制の終わりに向けて加速しつつあるように思われる。なかでも南アは，その変化がもっとも鋭くあらわれている社会の1つである。以下に述べる南ア男性の経験が，遠い場所の出来事のように思えるとしたら，日本では，従来型の福祉体制がよく保たれており，家父長

的な価値観も根強いせいである。だが家父長制の終わりに向けて加速する世界のなかで，日本の男性だけが，これまでと同じ世界を生き続けるなどということは考えられない。家父長制が終わったあとの世界で，男性として生きることはどのような経験なのかと問うことは，これからの日本社会で生きる者にとって切実な問題である。その意味では以下に述べる南アの父親たちの経験は，近未来の私たちの経験と交差するはずである。

| 父親の不在 | 　2001 年から 2003 年にかけて，南アの都市ダーバンで生活する貧しいアフリカ系

家族が HIV 流行をどのように経験したかを聞き取った南アの研究者は，家族の語りのなかに父親がほとんど登場しないことに気づいた（Denis & Ntsimane 2006）。南アは世界的に HIV の有病率が高い国の 1 つであり，非常に多くの人が親や子，きょうだいをエイズで亡くした。治療薬が手に入らなかった当時の南アにおいて，HIV 流行はウイルスの蔓延という事実以上に，社会全体を覆うケアの危機であり，家族の危機であった。そのなかで父親の存在の希薄さは際だっていた。この聞き取りの対象となった家族の多くは母子世帯であり，子どもの父親の多くは定期的な連絡もない状況であった。また不在の父親が健康でいるかどうかは「知らない」という回答も少なくなかった。

　歴史的に見れば，南アのアフリカ系社会においては，家族のなかで父親が果たす役割がたいへん大きかったことが知られている。1930 年代に東ケープ州を訪れた文化人類学者のモニカ・ウィルソンは，現地の父親が幼い子どもの相手に夢中になる様子を記録している。そして成長した息子と父親とは，強い絆で結ばれていた。父と息子は互いの意見に耳を傾けあい，相手の同意なしに重

要な決定を行うことはなかった。また父親は息子の健康を気づかい，必要とあれば息子のために供犠を行った（Wilson 1961）。

1990 年代に始まる HIV 流行の危機について語るとき，なぜ家族は父親について語らなかったのか。単純な事実として挙げられるのは，多くの父親が家族とともにいなかったことである。現在の南アにおいては，労働者階級の成人男性は仕事を求めて常に移動することを強いられる。家族と常に一緒に生活する父親は少数である。ただし物理的な距離だけが問題なのではない。実際，20世紀半ばまでの南ア社会においては非常に多くの父親が家族と離れて鉱山労働に従事していたが，彼らは送金や定期的な再会によって，十分に父親の存在を示していた。多くの家庭において父親の役割そのものが消失した背景には，南ア社会における雇用の消失が少なからず関係しているようだ。家族を養う父親としての役割を果たすことができない恥辱が，彼らを家族から遠ざけたのである。そして HIV 流行が家族を危機に陥れたとき，そこに父親の姿はなく，語るべき父親の記憶も残されていなかった。

ケアの関係から疎外されていること　南アのアフリカ系社会では，20 世紀の困難な歴史をとおして父親の役割が見失われてきた。ここで問うべきことは，男性たちが家族の支えであった過去の父親の姿をどう取り戻すかということではない。家父長制が終わった世界において，従来の父親の姿が見失われることは，残酷だが避けがたい運命なのである。したがって問題は，家父長制が終わったあとの世界で，男性は他の人たちとの関係にどのような価値を見出せばよいのかということになる。

現在の南ア社会を生きる男性たちが直面する問題は 2 つある。

1つは新しい分配の政治が，たいへん中途半端なものにとどまっていることである。南アの現金給付は，高齢者年金と児童扶養手当が中心である。安定した就労の見込みもない若い成人男性は事実上，社会的な分配の仕組みからもっとも遠ざけられた存在なのである。もう1つは彼らが，ケアの関係から疎外されていることである。HIV 流行の危機のなかを生きるために人間が必要とするのは治療薬だけではない。身近な人の支えを得て，危機を生き抜く意味を見出せるかどうかは切実な問題である。父親の不在が，配偶者や子どもにとってどれくらい問題かは場合によるだろう──もし恒常的に暴力を振るうような父親ならば，おそらく不在のほうがよいのだ。父親の不在という問題の第1の当事者は，当の父親自身である。自らの危機のときに家族の支えを得られないという意味でも，家族が危機のときに必要とされないという意味でも，彼らは孤立している。

　児童扶養手当を受給している多くの母親たちにとって，もはや成人男性を家庭内に招き入れる理由は何もないという状況は，以上のような南ア社会の歴史経験の上に現れたものである。若い男性の窮状を何とかするために必要なのは，1つには新しい分配の政治を徹底すること，たとえば南ア政府が BI を導入することである。ただし，それだけで問題が解決するとは考えにくい。BIが導入されることと，家族が再び成人男性を必要とすることは，別の問題であるように思われる。正当な分け前を得られたとしても，他の人たちとのかかわりから疎外されていては，生きることは難しいままだろう。ウィルソンが 1930 年代の南アの黒人社会に見出したような，身近な者をケアし，信頼関係を結ぶ成人男性の姿を，若い世代が再び想像できるようになるための条件とは何だろうか。労働によって家族を養う力強い父親の姿が見失われた

としても，成人男性はなお，近しい人たちとのかかわりのなかで，生きる価値を見出すことができる。そう確信できる世界を築くことが，南アの若い世代にとっての課題であり，また家父長制が終わったあとの世界を生きるすべての人にとっての課題ではないだろうか。

人はなんで生きるか　この章は，人が生きるのに必要な生産物を手に入れるための条件について考えることからはじまった。そして労働が過剰となった世界においては，人類の生産物に対する正当な分け前を誰もが要求できる「新しい分配の政治」が必要であるというファーガソンの議論を見た。また，すべての人に正当な分け前を届ける制度を導入することで，古い福祉国家における選別から解放され，家父長制的な支配にも縛られない，自由で公正な社会を実現する可能性があることも述べた。

　正当な分け前は，私たちが価値ある人生を実現するために必要なものである。だがこうもいえるだろう——分け前は人生の手段であり，目的ではないと。治療薬を手に入れて健康を取り戻すことが誰にとっても重要だといえるのは，そのことで各々の人生の目的を追求する可能性が広がるからである。これは健康そのものが人生の目的だということとは違う。生きることの価値は，分け前のようなかたちで届けられる何かではない。人が生きることをとおしてつくりだすのである。そしてたいていは，周囲の人たちとのかかわりのなかでつくりだすことになるだろう。価値と行為との関係について論じた人類学者デヴィッド・グレーバーの論をここで借りるならば，価値が人間の行為を決定するのではない。周囲の人たちとともに行う行為が，価値をつくりだすのである

(Graeber 2001)。このことを本章で検討した内容に引き寄せてい
えば，ケアの関係に参入していること，つまり育児のために必要
とされたり，HIV 流行のような危機のときに身近に必要とされ
ることは，人生を価値あるものにするための共同作業に巻き込ま
れていることなのである。

 ブックガイド

宇佐美耕一・牧野久美子編『新興諸国の現金給付政策──アイディ
ア・言説の視点から』アジア経済研究所研究双書，2015 年
　　●アフリカや南米など新興諸国の現金給付政策について，制度的理
　　念や政策環境の観点から分析した論集である。南アの児童扶養手当
　　（子ども手当）についての論文も掲載されている。

岡野八代『フェミニズムの政治学──ケアの倫理をグローバル社会
へ』みすず書房，2012 年
　　●近代社会において家族は，親密な関係性が育まれる場であるとと
　　もに，国家によって束縛され，女性が抑圧される場であった。ケア
　　の倫理を出発点として，支配と暴力から家族を解放し，多様な生き
　　方を承認する社会を構想する政治思想の書。

西川祐子・荻野美穂編『共同研究 男性論』人文書院，1999 年
　　●日本で男として生きること，たとえば父親として育児に参加する
　　ことや，男性ケアワーカーとして働くことは，どのような経験だろ
　　うか。人類学，歴史学，心理学などの分野の研究者による男性論集。
　　ミクロネシアの母系社会における男性性など，海外でのフィールド
　　ワークに基づく研究事例も。

ジョアオ・ビール『ヴィータ──遺棄された者たちの生』（桑島薫・
水野友美子訳）みすず書房，2019 年
　　●現代のブラジル社会において，医療や家族が人間を選別し，不要

とされた者を遺棄する装置として働くときに，具体的な生がどのように生がどのように生がどのようにかたちづくられるのか，またそのような社会を生きる人間の主体性とは何かを問うた民族誌。

第13章 *S N S*

(iStock.com/wachiwit 提供)

Twitter や LINE，Facebook や Instagram といったソーシャル・ネットワーキング・サービス（SNS）は，しばしば，私たちの日常生活や社会的関係を大きく変えた革新的なテクノロジーとして語られる。しかし，「SNS とは何なのか」とあらためて考えてみると，明確に答えることは意外と難しい。SNS がソーシャルなネットワーク，社会的な諸関係を構築するための手段だとすると，電子メールや電子掲示板といった以前から存在するサービスもそこに含まれてしまうからだ。いったい，私たちは何を「SNS」と呼んでいて，なぜそれによって生活や社会が変わったと感じているのだろうか？

1 それは何か？

2010年代，スマートフォンやアプリの普及に伴って，「SNS」は私たちの日常的な語彙の1つとなった。だが，この言葉が何を指しているのかと問われると，明確に答えることは難しい。本章では，人々の日常においてなにげなく使われている言葉の内実を具体的な事例や比較を通じて掘りさげる類の人類学的分析を，SNSという身近なトピックにおいて提示する。

ウィキペディアでは以下のようにSNSが定義されている。「広義には，社会的ネットワークの構築の出来るサービスやウェブサイトであれば，ソーシャル・ネットワーキング・サービス（以下，SNS）またはソーシャル・ネットワーキング・サイトと定義される。この為，電子掲示板も広義的にはSNSに含まれることがある。狭義には，SNSとは人と人とのつながりを促進・サポートする，『コミュニティ型の会員制のサービス』と定義される」

「SNSでバズった」といった表現が，会員制サービスに限定されない現象（ブログや各種のサイトで取りあげられる等）を含むように，私たちはしばしば広義の意味でSNSという言葉を用いている。だが，「社会的ネットワークを構築できるネット上のサービスやサイト」という広義の括りには，電子掲示板やメーリングリストといったインターネット黎明期から存在するサービスも当てはまる。広義のSNSには明らかな新規性はない。

狭義のSNSにも同じことがいえる。FacebookやLINEといった狭義のSNSが登場する以前から，人間同士のかかわりを媒

介することは，情報の記録や探索と並んでコンピュータ・ネットワークの主な利用方法であった。たとえば電子メールは，明らかに「人と人とのつながりを促進・サポートする」サービスだろう。それが「コミュニティ型の会員制のサービス」になるだけで大きな変化が生じるとは考えにくい。実際，メーリングリストを用いた電子メールのやりとりによって，参加メンバーを限定したコミュニティを生みだすことは十分に可能である。狭義のSNSにも明らかな新規性はない。

　このように，SNSを定義しようとすると以前から存在したものと区別がつかなくなってしまう。広義のSNSと呼ばれうるものは以前から存在したし，それらと比べて狭義のSNSには革新的な違いはない。だが，私たちはSNSという新たなテクノロジーの登場によって社会に大きな変化が生じたように感じている。では，「SNS」とはいったい何なのだろうか？

　　　　仮想空間の解体　　　　問題は，なぜSNS以前から存在した人間関係を媒介する情報技術の利用法が「社会的ネットワークの構築」とみなされていなかったのか，にある。コンピュータ・ネットワークは，それがインターネットというかたちで一般に普及し始めた20世紀末から，現実の世界とは異なる「仮想空間」や「サイバースペース」として語られてきた。そこでは，現実とは異なるキャラクターになって「もう1つの世界」を自由に楽しむことができるし，現実と乖離した嘘や誹謗中傷を拡散することもできる。こうした発想を前提にする限り，ネット上でいくら多様な関係を築いても，現実の社会における人間関係を生みだしたことにはならない。では，ネット上のやりとりが「仮想空間」における現象だとされなくなると，いかなる変

化が生じるだろうか。オンラインのコミュニケーションを提供するサービス一般を，社会的関係を構築するもの，すなわち SNS（Social Networking Service）としてとらえることが可能になる。

　このように，SNS の新しさとは，狭義の SNS の普及に伴って，情報技術が可能にするコミュニケーションを仮想／現実の二分法によって把握しない発想が広まったという出来事の新しさなのである。こうした発想が常識的になれば，SNS 以前にも類似したサービスが存在したことになる。そのような過去の書き換えが可能になったこと自体，SNS の普及という現象の効果である。以下では，情報技術をめぐる仮想／現実の二分法がいかに成立し，解体され，現在の SNS に至ったのかを検討する。なお，本章が書かれている 2020 年から数年も経てば「SNS」をインターネットの代名詞のように語ることは奇異に思われるようになるかもしれない。だが，そうした将来の読者の感覚もまた，以下で検討する変化のプロセスと無関係ではない。

2 仮想と現実

　そもそも，なぜコンピュータ・ネットワークを用いた情報技術が可能にするコミュニケーションは「仮想」とみなされてきたのだろうか。スマートフォンも Twitter 社も無線 LAN 機器も現実に存在しており，それらが「もう 1 つの世界」に存在していれば私たちのコミュニケーションを媒介することはできない。まずは，仮想／現実の二分法がいかにして説得力をもつのかについて考えてみよう。

変容と矛盾

情報技術はこの世界に存在する事物にコンピュータが処理できるデジタルな数列を結びつけることで，両者が相互に変換可能な状態を生みだす。たとえば，街角の風景をスマホで撮影して友人に送るとき，撮影された風景は複数のプログラムを経て「0」と「1」からなるデジタルな数列に変換されて送信され，それを受信した友人のスマホには再び複数のプログラムを経て変換された風景の画像が表示される。ただし事物から数列，数列から事物への変換は完全な複製ではない。ある事物 α が数列に変換され再び事物に変換されたものを事物 β と呼ぶと，β は α がもたない性質をもつ。現実の風景自体を改変することは難しいが，スマホに保存された風景は簡単に加工できるように。これを，ある事物が情報技術と結びつくことでもともとの有様から変容していくプロセスとしてとらえることにする。

たとえばある人物の声（α）を録音した MP3 データ（β）は，「機器さえあればいつでも再生可能」という α にはない性質をもつものへと変容している。β を α の複製としてとらえる限り，変容によって得られる価値（携帯／再生可能）や失われる価値（1回限りの発声がもつ魅力）は問題にされるが，現実と仮想の区別が生じる余地はない。

だが，変容に伴って両者の性質に矛盾が生じているように見える状況も想定できる。たとえば，ある男性が自分の声を録音したデータを女性の声に聞こえるように加工してオンライン放送を行ったとき，声（α）と MP3 データ（β）のあいだに「男性が喋っている／男性が喋っていない」という矛盾が見いだされうる。このとき，矛盾を解消するために有効なのが，デジタルな数列と結びついていない事物 α が存在する世界を本当の世界，つまり

現実空間として，デジタルな数列と結びついた事物 β が存在する世界を α が存在する世界と似てはいるが本当は存在しない偽の世界，つまり仮想空間としてみなすことである。

　実際，もしこの人物がオンライン放送で一躍有名になった後に男性だと判明したとすれば，「彼は女性になりたいという願望をネットという仮想空間でかなえようとしたのだ」と語られることは十分に想定できる。現実と仮想の空間的区別を導入することで，情報技術を利用することが，偽物を本物と取り違える行為としてとらえられる。こうして，情報技術の魅力も弊害も，現実と似た仮想の世界への没入の効果として説明されるようになる。

矛盾の乗り越え　しかしながら，情報技術は事物とデジタルな数列を結びつけることで新たな性質をもつ事物を生みだす媒体であり，必ずしも空間の分裂を引き起こすものではない。情報技術が活用されていても現実とは別の世界を想定する必要が生じない状況は十分に想定できる。たとえば，男性が加工した女性の声で喋るオンライン放送が増え，「ドラァグクィーン・キャス（ドラキャス）」などと呼ばれて人気を博し，「男性である／そうでない」という矛盾が問題にならなくなるかもしれない。こうした，矛盾を契機にした空間の分裂が生じない状況はいかに一般的となりえたのだろうか。以下では，情報技術を介した人々のコミュニケーションにおいて矛盾がいかに現れ，いかに乗り越えられていったのかを検討する。

3 記号と情報

　上で述べたように，情報技術は既存の事物にコンピュータが処理できるデジタルな数列を結びつける。オンラインのコミュニケーションにおいて数列と結びつけられる事物の典型的な例は人々の発言である。たとえばチャットにおいて，あなたが記した文字はデジタルな数列に変換されてコンピュータに保存された後にネットワークを通じて伝達され，複数のプログラムを介して自然言語の文字へと変換されたうえで，チャット相手のモニターに表示される。書かれた文字列はいったん機械が処理できる情報（デジタルな数列）に変換されなければ相手に届かず，それが再び人間の理解できる記号（自然言語）に変換されなければ相手は理解できない。

　このように，コンピュータに媒介されたコミュニケーション（CMC: Computer Mediated Communication）は，人間的な記号と機械的な情報の相互変換によって可能になる。機械的な情報は，コンテクストに依存しないデジタルな数列とそれらを組み合わせる形式的な規則によって構成される。それは，言語を種々の要素を組み合わせて複雑な命題をつくる規則（「統語論」）としてとらえる伝統的な言語分析の発想にきわめて親和的な技術である。こうした統語論的な言語観から見れば，デジタルな数列とそれらを組み合わせる規則を言語（機械語，プログラム言語）と呼ぶことには何の不思議もない。たとえば，2つの選択肢［0／1］をもつ主語［Aさん／Bさん］と動詞［知っている／知らない］と目的語［C君／D君］をこの順番で組み合わせることで，個々の文

（101＝BさんはD君を知っている，010＝AさんはC君を知らない）が生成されるという状況を考えれば，自然言語と機械語のあいだに本質的な違いはないように思えるだろう。

　これに対して，具体的な場面において言語がいかに用いられるかという「語用論」を重視する言語人類学などの立場にたてば，言語記号の意味が発話する者や発話のコンテクストによって変わるという側面が強調されることになる。たとえば「この机」という発話が何を意味するかは，発話者と聞き手の位置関係や発話の状況（教室にいるのか，カタログを見ているのか等）に大きく依存する。これは，ある机をスマホで撮影した画像データが「0110001111...」といったデジタルな数列に変換され，どの場所にある端末に保存しても同じ数列として処理されるのとは対照的である。

　CMCはこの2つの言語観が交差する地点に位置づけられる。コンピュータによる情報処理自体は統語論的なものだが，それに媒介されて人間同士がかかわるCMCは語用論的側面を併せ持つ。たとえば，私がTwitterを開いてツイートに記した「私」という文字は，機械的な情報としてはネット上に無数にある「私」という文字に相当する数列の1つでしかないが，人間的な記号としては他の誰でもない「この私」を意味している。そうでなければ，ツイートによって自分の想いや意見を発信していることにはならない。

人称と非人称

前述したように，人間的な記号と機械的な情報には，コンテクストに依存するか／しないかという大きな違いがある。記号のコンテクスト依存性を示す例のなかでも，独特の特徴をもつのが人称代名詞である。

「私」や「あなた」が誰を指すかは，発話状況によって変化する。それだけではない。言語学者エミール・バンヴェニストが論じたように，「私」とは，『『私』という語を含む発話の全体を発している人」を意味する。つまり「私」という語は，状況に応じて特定の人物を指示するだけでなく，その人物によって発せられたものとして当の発話を存在させる。したがって，「私が話している」という発話の状況それ自体が，「私」という語を——明示的にせよ非明示的にせよ——含む発話によって示されることで生みだされる。さらに，「私」という発話には，「私」に話しかけられている聞き手としての「あなた」が常に含意される。「私」なしには「あなた」は存在しない。私に「あなた」と呼びかけられたその当人が，今度は「私」となって私に「あなた」と呼びかける。主体（話し手）と客体（聞き手）の反転が繰り返されるなかで，発話は複数の主体を接続していく。

　一方，三人称代名詞（「彼」や「彼女」や「それ」）は，特定の人物や物を指示することはできるが，発話状況に対して何の影響力ももたない。それらは発話状況の外部にある「誰か／何か」を指すものであり，客観的な存在者への指示を言い換えたものにすぎないからだ（たとえば，「ピエールは病気だ」→『『彼』は熱がある」のように）。三人称とはそれが指すものが「私／あなた」ではないことを表す「非人称」の代名詞なのである（バンヴェニスト1983：239-40）。発話状況を生みだす一／二人称的発話が語用論的に把握されうる記号であるのに対して，言い換えを通じて他の要素と対応づけられる三人称代名詞は統語論的に把握されうる情報である。

誰のものかわからない 発話

前述したように，CMC は，人間的な記号と機械的な情報の相互変換によって支えられている。前者において一／二人称のものとして把握される発話は，後者においては三人称＝非人称のものとして把握される。言い換えれば，コンピュータは「私」や「あなた」を人称的な記号として理解することはできず，ただ三人称＝非人称の数列としてそれらを処理する。たとえば，オンライン・サービスの新規アカウントを取得する際，「あなたがコンピュータではないことを確認する必要があります」といったメッセージとともに歪曲された文字列の画像が表示され，正確な文字列を打ち込むことが要求されることがある。モニター上に表示されるメッセージは，「私」（サービス会社）から「あなた」（ユーザー）に発せられた記号としてとらえることもできる。だが同時に，コンピュータではないことを確認させられる「あなた」とは，入力スペースに情報を書き込む「誰か／何か」，コンピュータ・ウイルスでもありうるような三人称＝非人称の存在にすぎない。

　プログラムが許容する範囲でコンピュータ・ネットワーク上に何らかの記号に変換されうる数列を入力する存在は，人間でも機械でもありうる。そうした記号＝数列を発話ととらえれば，それを発する主体は「私」ではなく特定のコンテクストに依拠しない「誰か／何か」である。こうした発話を，非人称的発話と呼ぶことにしよう。コンピュータを介したコミュニケーションは，発話のコンテクストを生みだす「私」を含む人称的発話を，しばしば，発話のコンテクストを生みださない非人称的発話へと近づける。たとえば，「2 ちゃんねる」（現「5 ちゃんねる」）のような匿名での投稿が一般的な掲示板でのやりとりでは，大抵の場合，発言者が「誰か」はわからない。投稿に「私」という語が含まれていたと

しても，メッセージのやりとりが「私／あなた」からなる安定した発話のコンテクストを構成することは少ない。「荒らし」や「炎上」と呼ばれるオンラインのやりとりにおいては，しばしば発話のコンテクストが分裂し，互いに互いの発言のコンテクストを包摂することを試みるなかで，罵詈雑言の応酬が過熱していく。

こうしたオンラインのやりとりが，安定した発話状況を生みだすオフラインの会話と比較されることで，「人称的発話（誰のものかわかる発話）／非人称的発話（誰のものかわからない発話）」という矛盾が見いだされる。オンラインの投稿は，既存の社会的文脈から離れて好き勝手に放言する「便所の落書き」のようなものとされ，現実の世界とは異なるもう 1 つの世界の出来事であるかのようにとらえられる。

実名か匿名かという違いはさほど重要ではない。たとえば電車の席を年配者に譲ろうとしないマナーの悪い人物を見かけて直接文句を言おうか躊躇するようなとき，互いに実名を知らない間柄であっても，その行為の是非が他ならぬ「この私」に突きつけられることが前提になる。これに対して，その人物への揶揄や非難をネットに上げるとき，その発言はその人に向けられた二人称的な発話にはなりにくい（相手が投稿を見つけて反論してくれば別だが）。対面的な発話がデジタルな数列と結びついて生じるオンラインの発話においては，社会的文脈にねざした人格的同一性をもつ「この私」の発話であるという性質が失われうる。こうした状況が強調されることで，オンラインのコミュニケーションは仮想空間でなされるものであり，社会的ネットワークを構築するものではないとされてきたのである。しばしば「ネット上の発言は匿名だから無責任で暴力的になりやすい」と言われるが，単に匿名であることが問題なのではなく，誰のものかわからない発話が生

じやすいことが問題なのである。

4 半人称的発話

では，オフライン／オンラインのコミュニケーションに見いだ
された人称的発話／非人称的発話という矛盾は，狭義の SNS の
普及に伴っていかに乗り越えられたのだろうか。

コンテクストの分裂　　　　まず，SNS が広まる以前の代表的なサ
　　　　　　　　　　　　ービスである「ブログ」（ウェブログ）に
ついて検討しよう。2000 年代前半に広く普及したブログは，ウ
ェブ日記や個人ホームページといった従来から存在したサイトと
同じく，各人が自らの関心や興味に基づいて情報を発信する場で
はあるが，プログラム言語である HTML を知らなくても簡単に
作成できることから多くのユーザーを獲得した。その特徴は，ブ
ログ間のリンクを促進するさまざまな仕掛けを実装することで，
書き手（ブロガー）が多くの読み手をより容易に獲得できるよう
にした点にある。ブログ内の各記事に固有の URL を発行するパ
ーマリンクによって，他のブログ記事を自分のブログにリンクし
て紹介することが容易になり，他のブログ記事にリンクを貼ると
リンク先に通知されるトラックバックによって相互リンクが促進
され，常設されたコメント欄において記事ごとにコメントするこ
とが可能になった。いずれも，記事という細かい単位でコミュニ
ケーションを活性化させる仕掛けである。

　ブログは，それ単体で見ると，書き手たる「私」とそれを読む
「あなた（たち）」との人称性を帯びたコミュニケーションであり，

記事がいかなるコンテクストで読まれるかは書き手が主導する両者の関係性を通じて制御できるように見える。だが，読み手があるブロガー（A）の記事から別のブロガー（B）の記事へとリンクをたどって移動すると，読み手はBとのあいだに「私／あなた」関係を取り結び，Aは一人称発話の主体から，発話状況の外部にいる三人称＝非人称の「誰か／何か」へと転化する。リンクが貼られている以上，2つの記事には何らかの共通性があるはずだが，それが書かれたコンテクストは多かれ少なかれ異なる。このとき，読み手がBのブログ記事のコンテクストからAの記事をとらえ直しその解釈を変えるということが生じうる。あるいは，BがAの意図とは異なるコンテクストでAの記事を解釈した記事を自らのブログに投稿し，それに共感したBの読者が，Aへの揶揄や非難を元記事のコメント欄に記すかもしれない。こうしてAは自らの記事のコンテクストを制御することができず，彼の書いた記事は複数の異質なコンテクストへと流出していく。従来の個人サイトでは，多くの場合トップページにリンクが貼られていたので，記事が読まれる前に書き手の意図や文脈を説明することができた。だが，記事単位でリンクが貼られるブログでは，書き手たる「私」が文脈を制御することが難しくなり，コメント欄を中心に対話が空転して激しい非難の応酬がしばしば生じる。その結果，自己同一性をもった人称的発話の担い手として少数のブロガーが著名になっていく一方で，多くのブログではコンテクストの分裂を通じた「炎上」が頻発するようになる。

SNS へ

これに対して，2000年代後半から普及したTwitterでは，自己の同一性を前提にせず，むしろ複数の異なるコンテクストを接続する位置に

個々の主体をおき直すことで人々を関係づけていくような形式が現れてくる。

　140字という字数制限をもち，携帯端末から24時間いつでも投稿／閲覧可能な Twitter では，ブログのように自律した個人として自己を表現することが難しい。どんなに自己をコントロールして発信しようとしても，Twitter に慣れると，日常の些細な出来事や思考を反射的に投稿するようになる。結果として，それらのツイートは断片的で単純になり，その時々の状況をダイレクトに反映したものになる。個々のツイートは，誰に向けたものか不明瞭な「つぶやき」であり，安定した発話状況を生みださない，いわば「0.5人称」的な発話である。だが，私（A）のつぶやきが別の誰か（B）の目にとまって返信（@ツイート）がなされると，それは「私」と「あなた」の人称的な会話へと変換される。

　読み手（B）にとって，書き手（A）のツイートはまず非人称＝三人称的な発話として現れる。ここまでは，あるブロガーの記事を別のブロガーの読者が目にするのと同じ構図である。だが，ブログとは異なり Twitter の0.5人称的発話はそれ単体では断片的なコンテクストしか形成しない。むしろ，潜在的な読み手（B）が異なる断片的コンテクストを引き連れながらツイートに反応することによって，書き手（A）のつぶやきは，互いの断片的なコンテクストをつなぐ新たなコンテクストを生みだす人称的発話へと変化することになる。さらに，Aのつぶやきが数多くの読み手の反応を生みだし，発話のコンテクストが加速度的に拡張していく運動が生じると「バズ」と呼ばれる状況に至る。

　あるいは，他人のツイートを引用して自分の発言を付け加えるリツイート（引用RT）においては，三人称の「誰か」の発言に自分の主体性を部分的に添えた発話がなされる。通常の「つぶや

き」が一人称に満たない 0.5 人称的な発話であるのに対して，引用 RT は一／二人称的発話と三人称的発話の中間にある，いわば「2.5 人称的」な発話をなす。引用 RT だけでなく単なる RT や「いいね」もまた，元のツイートがおかれたコンテクストに自らの断片的なコンテクストを接続することで，複数のコンテクストを接続する新たなコンテクストにおいて自己を提示するものとなっている。

単独ツイートにおける 0.5 人称的発話も，引用 RT 等における 2.5 人称的な発話も，人称的な発話と非人称的な発話の中間に位置づけられるので，一括りに「半人称的発話」と呼ぶことにしよう。半人称的発話は，「誰のものかわかる発話」でも「誰のものかわからない発話」でもなく，「誰かと誰かのものになっていく発話」である。それは，「安定したコンテクストにおけるオフラインの人称的会話」（現実）と「コンテクストの定まらないオンラインの非人称的会話」（仮想）という二項対立のどちらにも収まらない，「複数の断片的なコンテクストを結びつけ，発話のコンテクストを拡張していく会話」を生みだす。頻繁な@ツイートや「いいね」を通じて親交を深めたフォロワーとの間には，自他の断片的なコンテクストをすり合わせてきたことによって会話の基盤が構築され，それを前提にしてオンラインでの会話からオフラインでの付き合いに移行することも少なくない。発話のコンテクストが拡張されることは，発話者がさまざまな社会的文脈を横断しながら人間関係を広げていくことを可能にする。こうしたオンラインでの発話は，もはや，現実とは異なる「仮想空間」の出来事という位置づけに収まるものではない。

このように，情報技術を通じた事物の変容が，もともとの性質と明確には矛盾しない方向で活性化されることによって，仮想／

現実という空間的な区分は説得力を失っていき，社会的な諸関係の構築を担うものとしてオンラインのコミュニケーションをとらえる表現，つまり「SNS」という呼称が広まってきたのだと考えられる。

　ただし，Twitter は狭義の SNS のなかではコンテクストのすり合わせに失敗して非人称的発話に陥る可能性の高いサービスであり，「炎上」や「荒らし」や「便所の落書き」といった SNS 以前のイメージと結びつけられることも多い。対して，他の著名な SNS にはこうした可能性を抑制する仕掛けが組み込まれている。たとえば，Facebook の投稿は，実名とはいえ，その人をまったく知らない読み手にとっては三人称＝非人称的な「誰か」の言葉でしかない。だが，無数の三人称的発話は，所属組織や出身学校や友人／知人関係にそって半自動化された「フレンド」登録を通じて読み手になじみのある人々に結びつけられ，特定の「〇〇さん」の人称的発話へと変換されていく。LINE においては，空間的／時間的にバラバラに行動している者同士が，スマートフォンを通じて対面しているかのような疑似同期型の会話がなされる。個々の発話はメールやチャットにおける発話のように直線的に相手に向かうものとは限らない。むしろ，LINE における会話の多くは，その時々の状況に即した「つぶやき」に近いものから始まり，それを相手が拾うことによって会話のリズムがつくられていく。そこでは 0.5 人称的発話から一／二人称的発話への素早い変換が規範化されているのであり，だからこそ変換のリズムを阻害する「既読スルー」や「未読スルー」が忌避されることになる。さまざまな著名カメラを模したフィルターによって自分好みに写真を加工し投稿できる Instagram では，個々人の微細な趣味嗜好を反映した一連の写真を通じてコンテクストが無意識下に

すり合わされることで，半人称的発話と人称的発話の滑らかな相互変換が可能になっている。

多様性と標準化

以上で検討してきたように，狭義の
SNS の普及に伴ってコンテクストを拡張する半人称的発話に基づくやりとりが広まることで，オンラインのコミュニケーションを仮想／現実の二分法によってとらえるのではなく，社会的ネットワークを構築する手段としてとらえることが可能になってきた。だがそれは，仮想が排除され現実が維持されたということではなく，むしろ現実が，仮想とされていたものを飲み込みながら常に拡張していくものへと変容したことを意味する。つまり，現実世界の矛盾を抑制するために「仮想空間」に押し込められてきた多様な可能性を探求することが現実的になったのである。

　たとえば，国会でも取りあげられ 2016 年の流行語となった「保育園落ちた日本死ね」という言葉は，「はてな匿名ダイアリー」の記事タイトルとして現れると SNS を通じて拡散され，激しい賛否を引き起こして待機児童問題をめぐる議論を活性化させた。この言葉は子どもを保育園に預けられないという現実の切迫した問題を訴えていると同時に，国家に死を宣告する表現（「日本死ね」）がネット上の語り口と親和的だからこそ拡散された。この言葉は仮想と現実のどちらかに還元できるものではないが，賛否を問わず人々の多様な反応を喚起するという現実的な影響力をもつに至っている。あるいは，若年期から複数の SNS アカウントをもち，アカウントごとに異なる「キャラ」をつくってそれぞれに異なる関係性を築いてきた人々にとって，人格の多重性は非現実的で病理的なものではなく，異なるコンテクストを横断して

活躍できる自己の多様性としてとらえうるものとなっている。

　だが，多様性を探求するためには，各種のサービスが採用する標準的なフォーマットに従わなければならない。たとえば，Twitter で誰もフォローせず誰にもフォローされず，Facebook で本名を公開せず，LINE メッセージをすべて既読スルーし，Instagram で写真を投稿／閲覧しないようにする。そうしたことが不可能ではないにしても，個々のサービスを通じて多様なコミュニケーションを展開することはできなくなるだろう。ここまで極端なことをしなくても，各サービスの標準化されたフォーマットにうまく乗って自己を展開できなければ，多様性の探求は限定的なものになる。半人称的発話を通じて自分が生きるコンテクストを拡張していく運動が現実的な効力をもつのであれば，それを支える標準的な媒体をうまく活用できないこと（フォロワーが増えず，「いいね」がもらえず，RT されないこと）が，自らの社会的な存在意義を拡張できる機会を損なうものとして感覚されるようになる。こうした運動に自己を投入し続けることは時に人々を激しく疲弊させるものであり（「SNS 疲れ」），だからこそ，野放図なコンテクストの拡張を抑制すること（「SNS 断捨離」）も試みられる。

　20 世紀末に喧伝されたように，インターネットは世界中のさまざまな人々と自由につながることを可能にする。だがそうした自由は，標準的な媒体を活用してフォロワーやフレンドを増やし，自らの発話が広く言及され続ける状況を築きあげなければならない，という困難で不自由な道筋の傍らにしかないことを私たちはすでに知っている。SNS とは，仮想と現実という二分法を乗り越えるコミュニケーションの新たな形態であり，それは標準化を通じて多様性を促進する媒体として，私たちの生に新たな自由と

新たな不自由をもたらしているのである。

ブックガイド

東浩紀『サイバースペースはなぜそう呼ばれるか＋』（東浩紀アーカ
　イブス2）河出文庫，2011 年
　●現実世界とは異なる「仮想空間」としてコンピュータ・ネットワ
　ークをとらえる発想はいかに形成されてきたのか。その歴史的過程
　をさまざまなエピソードを通じて考察した著作。

久保明教『機械カニバリズム──人間なきあとの人類学へ』講談社選
　書メチエ，2018 年
　●現代人類学の観点から，将棋界における将棋ソフト導入の影響や
　SNS を通じた自己の変容について論じた著作。

　文化人類学の柱となる民族誌調査とエスノグラフィ制作。調査地の社会に深く入り込み，地を這うような調査を通じて特定の文化を担う人々の知恵や生き方を学び，エスノグラフィへとまとめあげる，そのような文化人類学の研究プロセスは，情報通信技術（ICT）によって今まさに変化しつつある。

　本章では，ICTによって変わりゆく民族誌調査とエスノグラフィ制作の現場に光をあて，ICTが切り開く新しいエスノグラフィを展望する。遠い専門分野の研究者や被調査者との協働に開かれたエスノグラフィ，映像や音声を組み入れたハイパーメディア・エスノグラフィなど，新しいエスノグラフィを創造できるかは，ICTのプラットフォームにおいて偶発的に立ち上がる不定形なコミュニティや環境をいかに人類学の知的基盤に取り込んでいけるかにかかっている。

1 新たなエスノグラフィの兆し

新型コロナ禍のなかで　オーストラリアを旅行中，第一次世界大戦が勃発して帰国できなくなったポーランド出身のイギリスの人類学者ブロニスワフ・マリノフスキーが，特定の社会に長く住み込み，参与観察することを通じてエスノグラフィを作成する方法論を提示して以来，人類学はその看板にフィールドワークを掲げてきた。アフリカの熱帯雨林やアジアの市街地，ラテンアメリカの農村など世界各地に赴いて現地で暮らし，現地の人々との間にラポール（信頼関係）を築くことで現地を知る。収集したデータを，人類学の理論に乗せて，エスノグラフィへと結実させる。それがオーソドックスな人類学の手法とされてきた。

　私もこれまで毎年，東アフリカ諸国や香港・中国に渡航し，参与観察を基盤として生計実践やインフォーマルな交易活動などを調査研究してきた。ところが，2020 年は新型コロナの猛威によって海外への渡航を断念することとなった。いつ終息するかもわからない新型コロナ禍は，文化人類学のオーソドックスな調査研究スタイルに危機をもたらしている。一方で情報通信技術（以下，ICT）を中心とするテクノロジーが発展した現代において，新型コロナ禍は「リモートワーク」を推進し，人類学者には「リモート・フィールドワーク」「リモート・エスノグラフィ」などの方法論を実践する契機をもたらしてもいる。

　2001 年に私がタンザニアで路上商人の調査を始めた当初は，リモートでフィールドワークをする可能性など想像すらしていな

かった。当時は，タンザニアで電話を所有している人にはめった
に会わなかった。調査地を離れたら，現地の人々とやりとりする
手段は手紙だけであった。それも郵便局に私書箱をもつ者に手紙
を出し，その人から当人へ届けてもらうというプロセスを経る必
要があり，届かないこともしばしばあった。2000 年代半ばから，
タンザニアの都市部ではインターネットカフェが次々と新規開店
し，私も帰国後にメールを送るようになった。だが，私が調査し
ていた路上商人たちは，私に援助を請うときにしかインターネッ
トカフェを利用しなかったので，私は返信を受け取るまでに何週
間も待つことになった。2005 年を境に路上商人たちの間にも携
帯電話が普及し始めた。それでも，彼らが高額な国際電話をかけ
てくるのは窮地に陥ったときだけであった。状況が一変したのは，
2010 年にスマートフォン（以下，スマホ）が浸透した後である。
タンザニアのモバイル通信会社は競うように安価なサービスを開
発した。1 日，1 週間，1 カ月単位のパケット通信も開始された。
インターネット回線を利用するメッセンジャーアプリ
WhatsApp の通話やビデオコールは，国内外問わず同額で，
Wi-fi 環境では無料で利用できるようになった。

　現在では，香港やタンザニアの商人たちからひっきりなしに連
絡がある。WhatsApp のビデオコールは毎日のようにかかって
くる。WhatsApp のアカウントページには，「このあいだ結婚し
たんだ」といった近況報告から，その日に食べた夕飯の写真や誕
生日パーティーの様子を撮影した動画，日々の雑感や時事問題に
関する所見，ネットサーフィンして見つけた画像，「日本への販
路を探しているのだけど，天然石業者の知り合いはいないか」な
どの商売上の問い合わせ，「コロナのせいで生活が苦しい。少し
お金を送ってくれないか」などの懇願など，とにかく雑多な情報

が流れてくる。

いまやソファで寝転がりながら，日常的にフィールドの人々と交流しているのだから，リモートでも有効な調査研究を構築できるのではないか。ICT を活用した新しい調査手法とエスノグラフィは，それまでの参与観察を基盤とする人類学の実践にどのような可能性をもたらすのだろうか。

本章では，私自身の調査研究における経験をもとに，ICT を中心とするテクノロジーが調査や執筆活動にもたらした変化を開示し，新しいスタイルのエスノグラフィのありかたを展望する。

リモート・エスノグラフィの兆し

人類学において「エスノグラフィ」は，参与観察で調査したり執筆したりするプロセスと，それを通して制作した成果物（民族誌）の両方を指す。用語の混乱を避けるために，本章では，前者を民族誌調査やエスノグラフィ制作と呼び，後者をエスノグラフィと記す。まずは，前者の調査研究プロセスに注目し，ここ数年で私が経験した変化を記述する。

もともと民族誌調査は，それぞれの時代で利用可能なテクノロジーを必要に応じて利用してきた。儀礼や物質文化などを撮影した写真は，調査研究や論文を補ううえで，初期の時代から活用されてきた。聞き取りした内容はテープレコーダーや IC レコーダーなどに記録され，語りの記述や会話分析に用いられた。民族誌映像には長い歴史があり，ハンディカメラや安価な編集ソフトが普及した後には多くの人類学者がより気軽に動画を撮影するようになった。スマホが高機能化・高性能化した近年では，写真撮影や音声データの記録，動画撮影，現地語翻訳などをスマホ1台で済ませる調査者も増加している。

しかし現代における根本的な変化は，人類学者が調査研究してきた現地にもスマホが浸透し，彼らもインターネットで検索したり，音声や画像，映像を撮影し記録したり，翻訳したり，発信したりするようになったことにある。

　タンザニアで聞き取り調査をしているとき，かつては相手の知らないことを質問すると，「その話なら，きっと○○さんが知っている。明日一緒に会いに行こう」などと返答された。今では，「調べる」「聞いてみる」と返答される。彼らは，インターネット検索をしたり，SNSに私の質問を投げたりして，そこで得た情報を私に教えてくれるようになった。モバイルマネーの利用について「性別や年齢の違う人々に話を聞いて回りたい」と調査助手に相談したら，「そのやり方はもう古い。WhatsAppのグループチャットに投げたほうが早いさ」と助言されたこともある。「せっかく現地までやってきたのに」と思うこともあるが，スマホの普及によって「助かった」経験も多々ある。

　たとえば，2020年2月にタンザニアに渡航した私は，ひどい腹痛に襲われて商店主たちの会合に参加できなくなった。ホームステイ先のベッドに横たわって大事な調査の機会を逃したことを悔しがっていると，友人の商店主からビデオコールがかかってきた。彼は，画面越しに私を他の商店主たちに紹介し，何人かの商店主に彼のスマホを渡して直接，話をさせてくれた。

　ICTは，調査地の人々の経済活動や生活スタイルも大きく変化させた。近年調査している香港在住のタンザニア人商人たちは，香港や中国で仕入れた商品をアフリカの商人や消費者に売る際にWhatsAppやFacebook，InstagramなどのSNSを活用している。これらのSNS上には，中古自動車や電化製品などのさまざまな「売りたい商品」と「仕入れてほしい商品」の画像があふれ，

チャットやコメント機能を利用して値段交渉がなされる。商品を試用したり，性能を説明したりする動画を Instagram に流す商人もいる。取引がまとまれば，アフリカ諸国のモバイルマネーの送金システムと中国・香港のモバイルマネーの送金システムを仲介するインフォーマルな送金業者を通じて，商品代金がやりとりされる。

　香港・中国とタンザニアの間を移動しながら両地域の交易を調査する私の調査とエスノグラフィは，マルチサイテッド・エスノグラフィと呼ばれる。マルチサイテッド・エスノグラフィとは，アメリカの人類学者ジョージ・マーカスが 1995 年に提案した，複数地点での民族誌調査を指す（Marcus 1995）。マーカスは，グローバルな人やモノの移動が盛んになった 1980 年代の状況を鑑みて，国民国家を前提とする単一の場所での調査では，複数地点を横断する文化事象をとらえることはできないと主張した。そして人やモノの流れ，物語や論争の展開，個々の生活史などを追跡することで，複数地点の間の相互関係や連関を明らかにする方法を提案したのだ。

　タンザニア商人を追いかけて香港・中国に渡航した私は，アフリカとアジアの複数地点を横断する人やモノ，情報の多くがオフラインとオンラインも横断していることを発見した。たしかに香港・中国に渡航したタンザニア人がいかにして仕入れる商品を見つけるか，どのように現地の商人と値段交渉しているかなどは，参与観察を通してしか緻密に明らかにできなかった。しかし，商品や金銭の流れは，グループページのチャットのログをみたほうが正確に把握できた。彼らが香港で築いている社会は，SNS を介したビジネスと連動しており，対面的なつきあいでなぜ特定の誰かに支援をしたり，しなかったりするかも，SNS での取引を

見るとより正確にわかった。香港のタンザニア人がおしゃれに装う目的は，商売目的の「インスタ映え」であったこともある。それほどに彼らの生活の細部にまで SNS の影響は及んでいたのだ。

こうした変化が参与観察の有効性を失墜させることはない。先にも述べたとおり，参与観察でしか入手できないことや明らかにできないことは膨大にある。たとえば，私は大学院時代から現在まで一貫して商慣行や商実践について人類学的に調査している。大学院時代に私が路上商人の経済実践を支える実践的な論理を論じる切り口にした「*Ujanja*（狡知）」は，路上商人と消費者や仕入れ先の商人との嘘や誇張を織り交ぜた「したたか」な駆け引きや日々の生計戦術を，交渉文句だけでなく身のこなしまで含めてつぶさに観察したり，*Ujanja* という表現が用いられる多面的な文脈を掘り下げたり比較したりしていくことで明らかにしたものだ（小川 2011）。それは SNS の活動が増えた香港のタンザニア人たちが，現地のアジア系商人や仲間の商人とどのように駆け引きをするかを明らかにする際の方法として今も変わらない。

だが現地に赴いて調査をすることが，リモートで調査するよりも有効であるとする人類学のオーソドックスな理解や，ICT メディアを通じた調査を「補助的」なものとする見方は今では必ずしも適切ではないだろう。たとえば，香港のタンザニア商人が過度な負い目を付与せずに支援しあう仕組みは，SNS では広く展開している投擲的な相互行為（不特定多数に向けて投げ捨て，偶発的な応答を待つ）やそこでの関係構築のあり方が，私が参与観察している日々の駆け引きと連続していることを突き止め，明らかにしたものである。彼らは，オンライン上のビジネスで信頼を得ることを期待して香港でビジネスをする仲間を積極的に支援する。親切を受けた仲間は SNS に「○○はよい人間である」などと投

稿し，その投稿を偶然みたアフリカの商人の中には彼／彼女に商品を注文する者が現れることもある。オンライン上のビジネスと香港社会の助けあいをリンクさせることで彼らは直接的な見返りを期待せずに助けあう仕組みを築いているのである。近年では，このようなオンラインに伸張したフィールドの現実をとらえるために，「ハイブリッド・エスノグラフィ」の方法を提示する研究も出現した（e.g. 木村 2018）。

2 エスノグラフィをめぐる問いと ICT

『文化を書く』が投げ
かけた問いと ICT

テクノロジーが進展したフィールドの現実は，人類学のエスノグラフィ制作のあり方にも影響を与えるようになった。

私がタンザニアで調査を始めた 2000 年代初頭の日本の人類学では，「ポスト人類学」の旗手として登場したジェームズ・クリフォードとジョージ・マーカスが編集した『文化を書く』（1986年）のもたらした影響が盛んに議論されていた。

本書の寄稿者たちは，他者や他者の文化についての客観的な記述は人類学者に可能か，エスノグラフィの「権威」はいったい何に支えられているのかという，学術研究としての人類学の基盤を揺るがしうる問いを投げかけた。人類学者は，特定のフィールドで生起している出来事やさまざまな声を特定の関心に沿って取捨選択し，自文化のフィルターを通じてエスノグラフィを作成している。その文脈では，エスノグラフィに記述された内容は「部分的」なものである。人類学者は「嘘はつかない」が「真実のすべても言わない」ことで煙に巻くトリックスターのように，修辞

的・技巧的な戦略を駆使することで，エスノグラフィをあたかも客観的な真実であるかのように，そして自身を「彼ら」の代弁者であるかのように装っている。そのようなエスノグラフィの権威は，調査する者とされる者との間の非対称な関係やアカデミズムの制度，それらを正当化する政治経済的・文化的な権力によって支えられている。多岐にわたる彼らの議論には，このようなラディカルな主張が含まれていた。

　彼らの主張は，一部の人類学者たちを自己批判，政治活動へと駆り立てたが，どのようにエスノグラフィを作成するかに関する明示的で実践的な提案はほとんどなかった。『文化を書く』以降，文化人類学では多様な実験的なエスノグラフィが生まれた。人類学者が「黒子」のような存在であることをやめ，自身の感情や経験を赤裸々に織り込んだエスノグラフィを作成する者たちも現れた。近年には，フィールドで生起する物事に関する解釈を捨象し，ありのままに記述する理論的な潮流が生まれている。

　私も大学院時代，『文化を書く』に関連するシンポジウムに参加した後，調査していた路上商人たちに，「私はみんなから聞いた意見のすべてを論文に書くことはできないし，出来事に対する私の理解が部分的であったり，解釈が間違っていたりすることがあるかもしれない」という主旨のことを伝え，「それに対してどう思うか」と問いかけたことがある。友人たちは，突然にナイーヴな問いを連発しはじめた私のために，仲間を一堂に集め，「マチンガ（路上商人）の商売とは何かを1つに決める」会合を開いてくれた。だが集まった商人たちは飲酒が進むにつれて好き放題の意見を語り始め，私たちはますます混乱する結果となった。この出来事の顚末は，博士論文を加筆修正して出版した『都市を生きぬくための狡知』（2011年）に記述したが，彼らは自分たち自

身もそれについてよくわかっていないことを，私に伝えたかったのだと語った。

　調査対象者の間にスマホが浸透するにつれ，上記のような問いかけは現地で完結しなくなった。以前は，ひとたび帰国したら現地の人々とスムーズなやりとりができなかったため，「調査」と「執筆」の間には明確な区切りがあった。いまでは両者の区別は明瞭ではない。帰国後にデータを整理している過程で出来事の順序に矛盾を発見したり，論文の論理構成や語りの事例使用に不安を抱いたりしたときには，ビデオコールをかけたり，メッセージを送ったりして，被調査者に随時確認するようになったためである。最近では，学会等での質問や査読結果に対応するべく，チャットで補足的な聞き取り調査をすることもある。さらには論文の構想や記述の一部をSNSに投げ，フィールドの人々に助言を求めることもある。こうした経験は，民族誌調査だけでなく，エスノグラフィ制作においても彼らとの共同的な側面があることを強く意識させる結果ともなった。

　また今では，被調査者たちが私のエスノグラフィには盛り込まれていない，私と同じ時間に同じ場所で経験した事柄をSNSで発信していることにも気づいた。現代における最も大きな変化は，スマホがアフリカの狩猟採集民や難民キャンプで暮らす人々にまで浸透し，これまで人類学者が一方的に「代弁してきた」調査地の人々自身が，SNS上で自らの社会や生活史，文化についての情報や理解を発信するようになったことだろう。彼らも人類学者の語りや観察について「日本から来た人類学者がこんなことを言っていた」「人類学者はこのような調査をするんだぜ」とつぶやいたり，人類学者と撮影した日々の写真や動画を投稿したりするようになった。私がエスノグラフィに組み入れなかった声が，

SNS 上にあふれるようになったのである。

　Twitter の投稿やウェブサイトの記事をインターネットの翻訳機能で即時に読めるようになった時代，人類学者が書いたエスノグラフィとそれに対する批評が，彼らの目に偶然に留まる機会も増えるだろう。となると，人類学のエスノグラフィの存在論的な独自性は，どのように変化していくだろうか。

方法としてのエスノグラフィにおけるコラボレーション　ICT をはじめとするテクノロジーは，それまでにないシェアや協働のかたちを切り開いたと同時に，シェアや協働の必要性・有用性を意識させるようになった。それはエスノグラフィ制作のプロセスにおける試みにも反映されている。

　たとえば，2009 年にイギリスの人類学者キース・ハートを中心とした人類学者によって開設されたプラットフォーム「Open Anthropology Cooperative（OAC）」は，エスノグラフィのプロセスをより開かれたものにする実験的な試みの 1 つであった。OAC の関心は，人々の可動性が増し，誰もが知識を発信しシェアし実践的に精査し，知識の蓄積・生成に大きな役割を果たすようになった時代において，人類学が情報メディアの革新性をどのように取り込んでいけるのかにある。同サイトは，YouTube を使った人類学の講義や Twitter 等での人類学的知識の社会的還元の延長線上で構想されたものであり，「オープンアクセス」「オープンコメント」「自由な利用」を基本理念とし，学術的ギルドの階層性や官僚主義を打ち壊し，個々の人類学者によるエスノグラフィ制作のプロセスへの他者の介入と協働を促進し，人類学の営みを一般社会へと開くための「デジタル革命」を企図しているという。

OACには，2015年時点で1万2000人を超えるユーザーがおり，100以上の討論グループがあり，誰でも閲覧可能なブログやフォーラム，ウィキリポジトリ，出版部，セミナー，個人ページが構築されている。20カ国以上の人類学者が参加しており，英語以外の多様な言語で討論するグループも形成されている。

　ただしハートによれば，OACは必ずしも期待どおりの「革新」をもたらしていないようである。人類学者たちはキャリアを築くうえで重要な個人の論文の公開のほうに熱意を注いで，個々の人類学の実践に他者の声を取り込むようなチャットや公開フォーラムでの協働にはそれほど熱心ではないそうだ。また，多言語コミュニティを掲げてはいるが，結局のところ，英語ネイティブ話者が優勢であるアカデミズムの構造が再生産されてしまっている。何より残念なのは，学術的なギルドが知識へのアクセスを独占する状況を打破して，アカデミズム以外の人々との対話をめざしていたはずが，一般の人々を魅了できなかったことであるという。

　では，理想的なコラボレーションとはどんなものだろうか。人類学者たちが集う学術的フォーラムに被調査者や彼らに関心をもつ人々が参加して情報を交換し，そこで得た情報が人類学者のエスノグラフィのプロセスに新たな展開を与える。たとえば，アメリカの先住民の運動をめぐるトークに，アマゾンの先住民や彼らをよく知る人々が「ほとんど同じことがここでも起きている」「これがその写真だ」などと投稿する。それに触発されて，研究者は事例の普遍性や固有性を（再）発見する。あるときには，研究者と被調査者との間で「今度，訪ねていってもよいか」と話が進んだりする。新たな研究活動がふたたびプラットフォームに還元され，細かな事実が積み重なり，さらに研究が進んでいく。結

果的に人類学の知的革新が起きたら，さぞかしスリリングであろう。

　そのためには，エスノグラフィ制作におけるデジタル技術やプラットフォームの可能性を同時に追究していく必要がある。

3 ICT が切り開く新たなエスノグラフィ

ハイパーメディア・エスノグラフィ

ICT は，人類学の新たなフィールドをサイバースペースに拡張しただけでなく，「デジタル仕様」「オンラインベース」のエスノグラフィの出現ももたらした。エスノグラフィがデジタル化されると，紙媒体では難しかったさまざまなことが可能になる。Wikipedia などのオンライン辞典やオープンアクセス化された論文などで多用されるようになった機能の 1 つは，「ハイパーテキスト」である。色などで他の文字と区別されている文字をクリックすると，別のサイトに飛ぶことができる機能のことである。これを効果的に組み込むと，専門用語をオンライン辞典で調べたり，引用文献を閲覧したり，執筆者の経歴や他の業績を確認したり，関連する事件に関する記事を読んだりすることができるようになる。

　さらに縦横無尽にハイパーテキストを使用すれば，限られた紙幅のなかで特定の問いと結論（主張）に関連する情報のみを提示するという学術的なルールを維持しつつ，エスノグラフィから零れ落ちた文脈を立体的に浮かび上がらせることができる。たとえば，現代の状況について書かれたエスノグラフィの儀礼の考察から，1960 年代に同じ地域で書かれたエスノグラフィの儀礼の分

析へと飛んだり，タンザニア人商人が香港で築いている社会の記述から，彼らの母国で商人たちが築いている社会の記述へと飛んだりすることで，特定の事象に関する時空間を超えた理解の筋道をつくることはおもしろいだろう。

　デジタル仕様のエスノグラフィでは，画像や音声，映像などとのリンクもできる。「書記」中心のエスノグラフィに対してメディアミックスを先導してきたのは，映像人類学／社会学あるいはメディア人類学である。日本で映像人類学が注目を浴びた時期に，映像人類学についての総論を作成した人類学者の宮坂敬造は，映像技術とソフトの革新のさらなる進展により，映像民族誌が言語・言説中心の人類学が用意してきたエスノグラフィと効果的に統合しうる可能性を主張していた（宮坂 2011）。彼は，ハイパーメディアによる表現が可能になれば，調査者と被調査者の感性的な経験に即した身体感覚を誘う映像描写と言語によるエスノグラフィとをリンクさせ，メディア間を自由に切り替えながら，多角的な呈示を行うことまでできるようになるという。これまでにも紙媒体のエスノグラフィに民族誌映像を収録した DVD を添付したり，QR コードを埋め込み（e.g. 小島 2014），映像資料を閲覧させたり，SNS を駆使した映像人類学の研究（e.g. 新井 2012）が展開してきた。

　言語・映像・音声等とのリンクは，マルチモーダルな（視覚・聴覚などの身体感覚の情報を組み合わせた）エスノグラフィの可能性を切りひらく。マルチモーダルなインターフェイスの様式はヴァーチャルリアリティなどに応用されているが，それと同じように映像や音声をエスノグラフィに組みこみ，現地のリアリティを体験させる，「ハイパーメディア・エスノグラフィ」も近年，注目 さ れ て い る（e.g. Dicks et al. 2005; Hammersley and Atkinson 2019:139–51)。

　参与観察を基盤とする現地調査は，五感を使ってなされるものだ。たとえば，路上商人と顧客の値段交渉を参与観察しているとき，私は路上の喧騒をBGMに，あたりに散乱するゴミが発する独特の匂いと40度近い熱気にむせ返りながら，顧客と商人とが交わす交渉文句だけでなく，目の輝きや声色の変化もとらえようと神経を研ぎ澄ましている。人類学のエスノグラフィは依然として「書記」ベースのものが優勢だが，マルチモーダルなエスノグラフィの実験が多数試みられるようになれば，たとえばタンザニアの路上商人のエスノグラフィとブラジルの路上商人のエスノグラフィの間で，商慣行や商実践の論理的な共通性や差異とは異なる次元の，より感覚的な共通性や差異を浮かび上がらせることができるかもしれない。

　またプラットフォームを基盤とするデジタル・エスノグラフィが増加すれば，「オープンエンド」「可塑的」な記述分析による可能性も追求できる。人類学者の解釈に限らず，あらゆる研究はつねに「暫定的」なものである。顕微鏡やスペースシャトルが発明されたら，それまでの真実が刷新されるのと同じように，新しい方法論や理論，調査道具が生まれたら，学術的成果も変わってくる。新規の発見や新たな解釈の余地が生まれるたびに，もう1つ別のエスノグラフィを書き上げるという従来のやり方に代わり，すでに書いたエスノグラフィを修正・改変したり，後の改変を織り込んで他者との協働をうながしたりするための「プロトタイプ」としてエスノグラフィを世界に開いていく動きも生じるだろう。

　最後に「プロトタイプ」としてのエスノグラフィを駆動させることについて考えていくヒントを，民族誌調査やエスノグラフィ

制作の現場から離れて検討したい。

| プロトタイプ駆動 | 以上で書いたすべての動きは，エスノグラフィ制作だけでなく，ICT 時代のモ |

ノづくりのあり方とも連動している。

　私は，タンザニア人の交易人を追いかけて中国本土の各都市を回った。とりわけ「アジアのシリコンバレー」と呼称される深圳（しんせん）市の電子商店街は，遊び心にあふれたユニークな商品が多数展示されており，歩いているだけで心躍る。

　高須正和・高口康太編の『プロトタイプシティ──深圳と世界的イノベーション』（2020 年）には，深圳で生じているイノベーションの秘密の一端が開示されている。かつて日本をふくむ先進国で主流だったのは，「バッテリーをより長持ちさせる」「充電を早くする」といった連続的な価値創造であった。意思決定を企業の上層部に集中させ，事前に十分な検討を行ってリスクを回避し，社員一丸となって「これぞ」と決めたプロジェクトに取り組む。製品が完成したら，長期計画に則って少しずつ改良していき，積み上げてきた信頼や技能を生かして競争的優位に立つというモデルである。

　これに対して，高須らは，オープンソース化やモバイルインターネット，IoT の普及などの多様な技術革新によって，いまや「プロトタイプ（後の改良を見込んでつくる原型）」を駆動させる非連続的価値創造の時代へと突入しつつあると主張する。検討や精査は後回しにして，まずは手を動かして試しに作ってみる。「1つでもヒットしたらよい」という多産多死型の考えに基づいて多様なプロジェクトを同時に始動させ，実践しながら改良したり力を注ぐプロジェクトを探し出していく。何かできることがあれば

起業し，足りない部品や能力については柔軟な連携と協働でやりくりする。深圳市には，このようなプロトタイプを駆動させ，トライアル＆エラーの過程で偶然パズルがはまるように，「何でこんなものが出てくるのだ」と驚く製品やサービスが次々と生み出されていく特有の「産業のエコシステム」があるという。

　革新的なテクノロジーが短い期間で次々と出現する現代は，予測不可能性が高まった時代だ。計画を立案したりリスクを予想したりするコストが増す一方で，計画そのものの有効性は下がり続けている。プロトタイプ駆動は，このような時代に対応したモノづくりの合理的なあり方であり，その際に必要なのが，多様な人間のアイデアや能力を自在に有機的に結びつけていくコミュニティ，あるいはシステムなのだ。

　深圳のような都市全体を覆う動きではないが，プロトタイプ駆動はすでに社会の随所で展開している。たとえば，小説投稿サイトによる物語制作もその1つだ。小説投稿サイトで毎日数ページずつ更新される小説の多くは，すでに流通している物語や書き方を模倣して制作されたものである。誤字脱字が随所に散見される小説も大量にある。それでも公開すれば，コメントが寄せられ，ランキング，人気投票などを手がかりに無数のトライアル＆エラーが繰り返され，偶発的にコラージュされたりしていくなかで，映画化されるようなヒット作も生みだされる。プロトタイプを駆動させる環境＝プラットフォームとそれを基盤とするコミュニティは日々進歩する。検索の際に活用するジャンルや読後感などを示すタグは細分化され，不適切なコメントや盗用を防止する機能が付加され，著者と読者あるいは特定の作品のファンどうしの交流を目的とするオフライン／オンラインのイベントなどが考案されているのだ。

当然のことながら、「売れる」「人気が出る」ことを重視する深圳のモノづくりや投稿小説と、学術とは異なる。人類学に限らず、各分野の研究は連続的な知的生産の上に築かれている。厳密な査読制度や学術の体制を基盤とする論文生産やエスノグラフィ制作が、ICT時代のモノづくりの方式に取って代わられる必要はない。だが、プロトタイプとしてのエスノグラフィを駆動することは、「非連続的」知的生産の機会になりうる。プラットフォーム上で公開されるマルチモーダルなエスノグラフィのプロトタイプは、人類学者と被調査者あるいは社会のみならず、自然科学分野を含めた他分野との協働を促進し、それが想定外の知的生産に結びつく可能性をもっている。たとえば、経済人類学者が経済学者と協働するなどの関連分野との協働や、同じ地域の研究者による学際的な協働ならばこれまでも展開してきたが、ICTの有効性は、拡散している知識や情報を偶発的に交錯させることにある。それが人類学に新しい意義や役割を再発見させることにつながるだろう。

　ICTが切り開く新たなエスノグラフィは、偶発的に立ち上がる不定形な「コミュニティ」「環境」をいかに新たな資源・基盤として人類学の知的基盤へと取り込んでいくかにかかっている。ICT時代のエスノグラフィとして、単純なオンラインとオフラインの越境ではなく、プロトタイプ駆動型の実践と人類学の連続的な知的刷新とが相互作用していく環境をつくりだしていくこと。それは他者に学び、他者とともにオルタナティヴな世界を構想してきた人類学に新たな展開をもたらすだろう。

ブックガイド

小田博志『エスノグラフィー入門──〈現場〉を質的研究する』春秋
社，2010 年
　●現場で出会う問いを解き明かすための方法論としてエスノグラ
　フィをとらえ，調査計画の立て方から論文の書き方，発表まで実践的
　に解説した，優れた入門書。

藤田結子・北村文編『現代エスノグラフィー──新しいフィールドワー
クの理論と実践』新曜社，2013 年
　●ネイティヴ・エスノグラフィやチームエスノグラフィといった，
　『文化を書く』（本文参照）以降のエスノグラフィの実践。エスノグ
　ラフィの多様性と可能性を検討する論集。

木村忠正『ハイブリッド・エスノグラフィー──NC 研究の質的方法
と実践』新曜社，2018 年
　●デジタル空間において，どのようにして定量的・定性的なデータ
　を収集分析し，エスノグラフィを制作するか。ICT 時代のエスノ
　グラフィを切り開く書籍。

引用文献一覧

●**日本語文献**（著者名五十音順）

阿部彩，2011，『弱者の居場所がない社会——貧困・格差と社会的包摂』
　講談社。

新井一寛，2012，「日本における神木・樹木崇敬の実態——バナキュラ
　ー宗教（Vernacular Religion）と映像人類学，SNS の実践を通じ
　て」『社叢学研究』12：80-90。

ウェーバー，M., 1989,『プロテスタンティズムの倫理と資本主義の精
　神』（大塚久雄訳）岩波書店。

内海健，2015,『自閉症スペクトラムの精神病理——星をつぐ人たちの
　ために』医学書院。

ウルフ，N., 1994,『美の陰謀——女たちの見えない敵』（曽田和子訳）
　TBS ブリタニカ。

エヴァンズ＝プリチャード，E.E., 1985,『ヌアー族の親族と結婚』（長
　島信弘・向井元子訳）岩波書店。

エヴァンズ＝プリチャード，E.E., 1997,『ヌアー族』（向井元子訳）平
　凡社。

太田至，2016,「アフリカのローカルな会合における『語る力』『聞く
　力』『交渉する力』」松田素二・平野（野元）美佐編『紛争をおさめる
　文化——不完全性とブリコラージュの実践』京都大学学術出版会。

岡野八代，2012,『フェミニズムの政治学——ケアの倫理をグローバル
　社会へ』みすず書房。

小川さやか，2011,『都市を生きぬくための狡知——タンザニアの零細
　商人マチンガの民族誌』世界思想社。

春日直樹，2008,「自分探し」春日直樹編『人類学で世界をみる——医
　療・生活・政治・経済』ミネルヴァ書房。

嘉田良平，1996,『農政の転換——21 世紀への食糧・環境・地域づく
　り』有斐閣。

金谷美和，2007,『布がつくる社会関係——インド絞り染め布とムスリ

ム職人の民族誌』思文閣出版。

金谷美和，2008，「フィールドが被災地になる時」李仁子・金谷美和・佐藤知久編『はじまりとしてのフィールドワーク——自分がひらく，世界がかわる』昭和堂。

金谷美和，2020，「手芸がつくる『つながり』と断絶」上羽陽子・山崎明子編『現代手芸考——ものづくりの意味を問い直す』フィルムアート社。

ガーランド，G., 2000,『ずっと「普通」になりたかった。』（ニキ・リンコ訳）花風社。

北中淳子，2014，『うつの医療人類学』日本評論社。

喜多村百合，2004，『インドの発展とジェンダー——女性 NGO による開発のパラダイム転換』新曜社。

木村忠正，2018，『ハイブリッド・エスノグラフィ——NC 研究の質的方法と実践』新曜社。

クリフォード，J. & J. マーカス編，1996，『文化を書く』（春日直樹ほか訳）紀伊国屋書店。

グレーバー，D., 2016,『負債論——貨幣と暴力の 5000 年』（酒井隆史監訳／高祖岩三郎・佐々木夏子訳）以文社。

小島敬裕，2014，『国境と仏教実践』京都大学学術出版会。

湖中真哉，2020，「人新世時代の SDGs と貧困の文化」大村敬一・湖中真哉編『「人新世」時代の文化人類学』放送大学教育振興会。

齋藤純一，2005，『自由』岩波書店。

桜井徳太郎，1985，『結衆の原点——共同体の崩壊と再生』弘文堂。

ジニス，D., 2019,『ジカ熱——ブラジル北東部の女性と医師の物語』（奥田若菜・田口陽子訳）水声社。

菅正治，2018，『本当はダメなアメリカ農業』新潮社。

セン，A., 2000,『貧困と飢饉』岩波書店。

高須正和・高口康太編，2020,『プロトタイプシティ——深圳と世界的イノベーション』KADOKAWA。

高橋まつり Twitter: https://twitter.com/matsuririri

竹沢尚一郎，2019，「アグリビジネスから食の民主主義へ——岐路にある日本とフランスの食と農」『国立民族学博物館研究報告』44（1）:

129–78。

谷謙二，2012，「小地域別にみた東日本大震災被災地における死亡者および死亡率の分布」『埼玉大学教育学部地理学研究報告』32：1-26。

デカルト，R., 2006，『省察』（山田弘明訳）筑摩書房。

デュモン，L., 1993，『個人主義論考──近代イデオロギーについての人類学的展望』（渡辺公三・浅野房一訳）言叢社。

中川理，2016，「『反－市場』としての贈与──南フランスの青果市場の事例から」岸上伸啓編『贈与論再考──人間はなぜ他者に与えるのか』臨川書店。

中川敏，2008，「コスモスからピュシスへ──人類学的近代化論への試み」『文化人類学』72（4）: 466-84。

西真如，2017，「公衆衛生の知識と治療のシチズンシップ──HIV 流行下のエチオピア社会を生きる」『文化人類学』81（4）: 651-69。

西村いつき，2015，『有機農業の担い手形成に関する一考察──H 県 TG 地方における事例研究から』神戸大学博士請求論文。

バウマン，Z., 2007，『廃棄された生──モダニティとその追放者』（中島道男訳）昭和堂。

バナジー，A.V. & E. デュフロ，2012，『貧乏人の経済学──もういちど貧困問題を根っこから考える』（山形浩生訳）みすず書房。

浜田明範，2017，「魔法の弾丸から薬剤の配置へ──グローバルヘルスにおける薬剤とガーナ南部における化学的環境について」『文化人類学』81（4）: 632-50。

バーリン，A., 1971，『自由論』（小川晃一・小池銈・福田歓一・生松敬三訳）みすず書房。

バンヴェニスト，É., 1983，『一般言語学の諸問題』（岸本道夫監訳）みすず書房。

ファーマー，P., 2012，『権力の病理 誰が行使し誰が苦しむのか──医療・人権・貧困』（豊田英子訳）みすず書房。

深海菊絵，2015，『ポリアモリー──複数の愛を生きる』平凡社。

藤家寛子，2004，『他の誰かになりたかった──多重人格から目覚めた自閉の少女の手記』花風社。

藤原保信，1993，『自由主義の再検討』岩波書店。

ブラウン，W., 2017，『いかにして民主主義は失われていくのか——新自由主義の見えざる攻撃』（中井亜佐子訳）みすず書房。

古橋信孝，1987，『古代の恋愛生活——万葉集の恋歌を読む』日本放送出版協会。

ペトリーナ，A., 2016，『曝された生——チェルノブイリ後の生物学的市民』（粥川準二監修／森本麻衣子・若松文貴訳）人文書院。

ホッテズ，P.J., 2015，『顧みられない熱帯病——グローバルヘルスへの挑戦』（北潔監訳／B.T. スリングスビー・鹿角契訳）東京大学出版会。

ポランニー，K., 2003，『経済の文明史』（玉野井芳郎・平野健一郎編訳／石井溥・木畑洋一・長尾史郎・吉沢英成訳）筑摩書房。

牧野久美子，2011，「南アフリカ——一家の生活を支える高齢者手当」『アジ研ワールド・トレンド』188: 28–31。

松嶋健，2014，『プシコ・ナウティカ——イタリア精神医療の人類学』世界思想社。

宮坂敬造，2011，「映像人類学の理論と実践，その新たな展開の現在——デジタル映像技術の革新と新しい世紀の映像人類学の課題」新井一寛・岩谷彩子・葛西賢太編『映像にやどる宗教，宗教をうつす映像』せりか書房。

宮本常一，1971，『宮本常一著作集 第10巻 忘れられた日本人』未来社。

モース，M., 1995，「人間精神の一カテゴリー——人格の概念および自我の概念」M. カリザス，S. コリンズ，S. ルークス編『人というカテゴリー』（厚東洋輔・中島道男・中牧洋子訳）紀伊国屋書店。

モース，M., 2014，『贈与論 他二篇』（森山工訳）岩波書店。

モル，A., 2016，『多としての身体——医療実践における存在論』（浜田明範・田口陽子訳）水声社。

モル，A., 2020，『ケアのロジック——選択は患者のためになるか』（田口陽子・浜田明範訳）水声社。

モントゴメリー，D. & A. ビクレー，2016，『土と内臓——微生物がつくる世界』（片岡夏美訳）築地書房。

山崎明子，2005，『近代日本の「手芸」とジェンダー』世織書房。

ラトゥール，B., 2019，『社会的なものを組み直す——アクターネットワーク理論入門』（伊藤嘉高訳）法政大学出版局。

リッツァ，J., 1999，『マクドナルド化する社会』（正岡寛司監訳）早稲田大学出版会。

レイエス，P., 2018，《銃をシャベルに》アートソサエティ研究センターSEA研究会編『ソーシャリー・エンゲイジド・アートの系譜・理論・実践——芸術の社会的転回をめぐって』フィルムアート社。

レヴィ＝ストロース，C., 1979，「構造主義再考」三好郁朗訳／大橋保夫編『構造・神話・労働』みすず書房。

レヴィナス，E., 2006，『全体性と無限（下）』（熊野純彦訳）岩波書店。

ロック，M., 2005，『更年期——日本女性が語るローカル・バイオロジー』（江口重幸・山村宜子・北中淳子訳）みすず書房。

我妻洋，1980，『性の実験——変動するアメリカ文化』文藝春秋。

●**外国語文献**（著者名アルファベット順）

Crawford, R., 2006, "Health as a Meaningful Social Practice," *Health*, 10 (4): 401–20.

Davis, J., 1992, "The Anthropology of Suffering," *Journal of Refugee Studies*, 5 (2): 149–61.

Denis, P. and R. Ntsimane, 2006, "Absent Fathers: Why do Men not Feature in Stories of Families Affected by HIV/AIDS in KwaZulu-Natal," in L. Richter and R. Morrell ed., *Baba: Men and Fatherhood in South Africa*, 237–49, HSRC Press.

Dicks, B. et al., 2005, *Qualitative Research and Hypermedia: Ethnography for the Digital Age*, SAGE.

Ferguson, J., 2015, *Give a Man a Fish: Reflections on the New Politics of Distribution*, Duke University Press.

FiBL & IFOAM, 2018, The World Organic Agriculture Statistics & Emerging Trends 2018. (https://shop.fibl.org/CHfr/mwdownloads/download/link/id/1093/j.efsa.2015.4128)

Fox, J. J. ed., 1980, *The Flow of Life: Essays on Eastern Indonesia*, Harvard University Press.

Graeber, D., 2001, *Toward an Anthropological Theory of Value: The False Coin of Our Own Dreams*, Palgrave Macmillan.

Graeber, D., 2019, "La sagesse de Kandiaronk: la critique indigène, le mythe du progrès et la naissance de la Gauche," *Journal du MAUSS*. (http://www.journaldumauss.net/?La-sagesse-de-Kandiaronk-la-critique-indigene-le-mythe-du-progres-et-la)

Hammersley, M and P. Atkinson, 2019, *Ethnography: Principles in Practice*, Routledge.

Herdt, G., 1987, *The Sambia: Ritual and Gender in New Guinea*, Holt, Rinehart and Winston.

Marcus, G. E., 1995, "Ethnography in/of the World System: The Emergence of Multi Sited Ethnography," *Annual Review of Anthropology*, 24: 95–117.

Mies, M., 1982, *The Lace Makers of Narsapur*, Zed Press.

Morrell, R., 2006, "Fathers, Fatherhood and Masculinity in South Africa," in L. Richter and R. Morrell, *Baba: Men and Fatherhood in South Africa*, 13–25, HSRC Press.

Nguyen, V-K., 2005, "Antiretroviral Globalism, Biopolitics, and Therapeutic Citizenship," in A. Ong and S. J Collier, *Global Assemblages: Technology, Politic, and Ethics as Anthropological Problems*, 124–44, Blackwell.

Ortner, S. B., 2016, "Dark Anthropology and Its Others: Theory since the Eighties," *HAU: Journal of Ethnographic Theory*, 6 (1): 47–73.

Robbins, J., 2013, "Beyond the Suffering Subject: Toward an Anthropology of the Good," *Journal of the Royal Anthropological Institute*, 19: 447–62.

Stephen, M, 1989, "Dreaming and the Hidden Self: Mekeo Definitions of Consciousness," in Stephen, M. and G. Herdt eds, *The Religious Imagination in New Guinea*, 160–86, Routledge.

Strathern, M., 1988, *The Gender of the Gift: Problem with Women and Problems with Society in Melanesia*, University of California Press.

Taussig, M., 1980, "Reification and the Consciousness of the Patient," *Social Science of Medicine*, 14B: 3–13.

Whyte, S. R., M. A. Whyte, L. Meinert and J. Twebaze., 2013, "Therapeutic Clientship: Belonging in Uganda's Projectified Landscape of AIDS Care," in J. Biehl and A. Petryna eds., *When People Come First*, 140–65, Princeton University Press.

Wilkinson-Weber, C. M., 2004, "Women, Work and the Imagination of Craft in South Asia," *Contemporary South Asia*, 13 (3): 287–306.

Wilson, M., 1961, *Reaction to Conquest: Effects of Contact with Europeans on the Pondo of South Africa*, Oxford University Press.

World Health Organizastion (WHO). n. d. Ivermectin. (https://www.who.int/apoc/cdti/ivermectin/en/)（2020 年 6 月 27 日最終アクセス）

事項索引

人名索引

二〇一九年末から新型コロナウイルスが世界中に拡大し

パンデミックが来る時代にわれわれは生きている

このウイルスにも人と動物との絡まり合いがあり、

インドでの三者の絡まり合いがその関係性を探る手がかりになるだろう

人間、動物、病原体が絡まり合って入り乱れ、死が生を支え、生はいつの間にか死を生むという、人間だけではない、人間を大きく超えた、常に変わりゆく世界の根源的な探求が、私たちの前にある問いではないだろうか

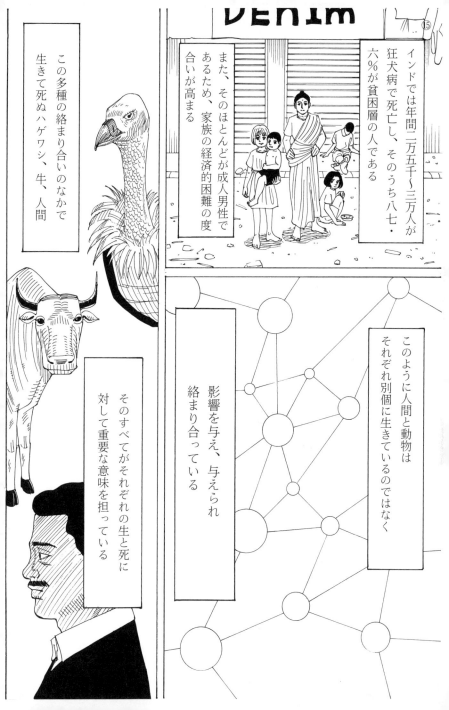

インドでは年間二万五千〜三万人が狂犬病で死亡し、そのうち八七・六％が貧困層の人である

また、そのほとんどが成人男性であるため、家族の経済的困難の度合いが高まる

この多種の絡まり合いのなかで生きて死ぬハゲワシ、牛、人間

このように人間と動物はそれぞれ別個に生きているのではなく

影響を与え、与えられ絡まり合っている

そのすべてがそれぞれの生と死に対して重要な意味を担っている

⑭

インドの人口の7割が農村に居住し、その大部分が家畜を飼っているため、家畜と人間はともに潜在的に炭疽の感染リスクに晒されている

そしてハゲワシの減少に反比例してインドでは野良犬が増加している

犬はハゲワシのようなスピードと完璧さで死骸を片づけることはなく、

炭疽を封じ込めず、完全に解体されない牛の死骸は水と環境を汚染する

また野良犬はあちこちうろついて狂犬病ウィルスをまき散らし、

人間だけでなく哺乳動物に痛みと死をもたらす

しかし今日、そのハゲワシが絶滅の危機に瀕している ⑬

貧困層が牛を使って作業を続けるために起こる牛の足の病気などへの処置として、非ステロイド系の安価な薬が投与され、

それが腎障害をもたらしたのだ

もしゃもしゃ

くくるしい…

ハゲワシがいないと、南インドでは炭疽菌が健康問題を引き起こす懸念がある

ウシが炭疽で死亡すると、菌は土壌に浸み出し、そこに何十年もたまった後、風に飛ばされるか、動物の消化管の中で広がり拡散する

しかしハゲワシは炭疽菌が芽胞を形成し拡散する前、牛の死後数時間にその柔らかい組織を取り除いていた

つまりハゲワシが疫病の拡大を食い止めていたのである

事例3
インドのハゲワシ

哲学者ヴァン・ドゥーレンによればインドでは年間何百万という牛が死ぬという

牛は神聖視されているため食べられることはなく

死にかけるとゴミ置き場につれていかれる

そしてハゲワシがきれいに食べ尽くす

またムンバイのパルシー教徒たちは「沈黙の塔」に死者を運んでハゲワシに死体をついばませて鳥葬を行ってきた

パルシーは自分たちの生の中にハゲワシに居場所を与えていたのである

そして、その鳴き声に邪魔されて逃げてしまうのだ

うるせー!!

オレにも食わせろ!!

それをプナンはトリがリーフモンキーを助けたと解釈する

やばい!!

人間が来たぞ!!

サルにとってプナンは、サルを仕留めようと近づく

人間が来たぞ!!

トリはサルの命を救うために鳴いているように映るのだ

このトリのさえずりは近くに獲物がいると同時に、それを人間が捕まえることができない事実を示している

獲物が逃げてしまった!

⑨

逆にいえばエルクに人格が
あるとみるからこそ

エルクとしての自分の人格性も
得られるのだ

事例2
ボルネオ島の熱帯雨林に暮らす
狩猟民プナン

そのなかにリーフモンキー鳥と
呼ばれるトリがいる

プナンは日々の糧を得るため
森に入る

リーフモンキーが樹上で果実を
あさっていると人間が近づいて
きていることを知らせ、その命
を助けるためそう呼ばれる

人間が
来たぞ!!

実際には両者とも樹上で食餌
行動をとる

この模倣の最中、狩猟者はエルクから見たエルクとしての自分を演じつつ

近寄るエルクを撃つタイミングを見定めている

つまり2つの視点を高速で揺れ動き、人とエルクの「一体化」が経験される

そしてこの過程では狩猟者はエルクを人格をもたない単なる狩猟対象と見ることができない

そうした場合、エルクから見たエルクとしての自分の人格性も否定され

狩猟が成功しないからだ

⑤

突き出た耳のついた頭飾り

エルクの革の外套

そしてエルクが雪の中で歩く音に似せるためにエルクの脚のなめらかな皮で覆ったスキー板をつけ

ゆら

エルクのように動く

他方、手には装填済みのライフル銃をにぎり

それは人間でもあった

狩猟者はヤナギの茂みから現れた雌エルクに近づいた

④

狩猟の前日の夕方、彼らはウォッカやタバコを火に捧げ、エルクの支配霊をみだらな気分にさせる

その支配霊の中に喚起したみだらな感情は、どういうわけか獲物のエルクにまで拡張されるという

そして翌日、ユカギールはエルクの外観と動きを模倣した狩猟を行う

そしてその夜、狩猟者は夢の中で動物に扮し霊の家を訪ね

「2人」はベッドに飛び込むのだ

しぎし
ぎし

しかし動物を含む他の生物種は単に象徴的・唯物的な関心対象だというだけではない

それらは人間や他の生物種と関わりを保ちながら絡まり合って生きてきたのだから

そして科学史家ダナ・ハラウェイが着目したように、動物を含む他の生物種は、人間にとって「ともに生きる」存在でもある

Animal is good to live with!!

以下その事例を見ていく

事例1
シベリアの狩猟民
ユカギール

ユカギールはユーラシア大陸に棲息する「エルク」を狩る

② そして集団とそれら動植物は神秘的なつながりをもち

メンバーはクマやワタリガラスと似た性質をもつと考えられている

また、マーヴィン・ハリスは動物を「食べるのに適している」ものととらえた

Animal is good to eat!!

こうした事象から、レヴィ＝ストロースは動物を人間集団の違いを象徴するものとしてとらえたのだ

世界には多様な食文化があり、たとえば牛は神聖視され食べることが禁じられている

それはなぜか？

インドでは牛は農業や乳業に使われており、食べてしまうと割に合わなかったから

そうハリスは考えた

同様な見方はほかの食文化にもあてはめられ

動物は食べるのに適するか適さないか、唯物的にとらえられた

第7章　人間と動物

人間を扱う文化人類学で
なぜ他の生物種を取り上げる
のか？

それは人間が人間だけ
で生きておらず

他の生物種と絡まり合っ
て生きているからだ

しかし人類学は動物を
象徴的・唯物的にしか
とらえてこなかった

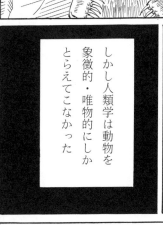

たとえばレヴィ＝ストロースは動物を
「考えるのに適している」
ものととらえた

Animal is
good to
think!!

ある人間集団には、ワタリガラスや
クマと自分たちが親族関係にあると
する神話がある

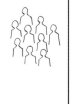

● 編 者 紹 介

春日直樹（かすが　なおき）
　　大阪大学名誉教授・一橋大学名誉教授

竹沢尚一郎（たけざわ　しょういちろう）
　　国立民族学博物館名誉教授

ぶんかじんるいがく
文化人類学のエッセンス
　　——世界をみる／変える
せかい　　　　か
The Essentials of Cultural Anthropology

ARMA
有斐閣アルマ

2021 年 1 月 20 日　初版第 1 刷発行
2023 年 10 月 5 日　初版第 2 刷発行

編　者	春　日　直　樹
	竹　沢　尚　一　郎
発 行 者	江　草　貞　治
発 行 所	株式会社　有　斐　閣

郵便番号　101-0051
東京都千代田区神田神保町 2-17
https://www.yuhikaku.co.jp/

印刷・株式会社理想社／製本・牧製本印刷株式会社

ISBN 978-4-641-22169-7